10秒選出

Tenbagger in ten seconds.

10倍股

美股教授林昭賢教你用顏值投資法，
不靠基本面和技術面分析，
一眼找出上漲10倍的美國飆股！

成大企研所博士
林昭賢 ——— 著

一眼洞悉漲不停的股票

與作者林昭賢博士素未謀面，但見其大作的書名，就足以吸引筆者一口氣看完整本書。

以秒衡量金融行為，這令筆者想起十多年前在華爾街的一次聚會上，朋友告知辦公室要搬去更靠近紐約交易所，本人好奇問為何？朋友答，在新的 Location，trade speed 可以比現在的辦公室快7秒。我無言可對，可見金融市場的確是以秒相爭。

林博士的新書除了書名吸引人之外，也的確非常實用，同時又引用了豐富的學術論文作依據，可見這是一部理論與實踐相結合的專家大作。此書有三個觀點值得大家細心閱讀：

1. 「漲會繼續漲、跌會繼續跌」的觀點，這就是筆者提及的實戰觀點。筆者也經常在課堂上提及：「入場是徒弟，出場是師傅。」當持有碎步上升的股票，就要持至有逆轉信號（reverse signal）。

2. 看「股價顏值」，這也是非常實戰的觀點，大多數人都是看股票的價值，但是股票價值並非人人看得懂，可要看顏值就相對簡單的多。當然，看完顏值再看價值就更有效。

3. 書中「過度自信投資者」的概念，非常值得大家留意，首先要自省，看自己是不是，另外就要看市場上哪些人是。德國股神科斯托蘭尼的講法是：「市場上是股票多還是傻瓜多。」智慧大師芒格（Charlie Munger）的逆向思維（Reverse thinking）講法就是：「如何會令自己輸錢。」

在林博士的大作中，讀懂以上三個觀點，閣下已經受益，若在實踐的過程中能運用這些觀點，閣下一定獲益。若是，應該重讀，這就是：學而時習之。

筆者在香港是專注期權 /Option，臺灣稱為選擇權，筆者認為期權比選擇權翻譯得精確。因為在實戰中，Option 都有時間性，所以時間＋權力，而選擇權只是強調了權力，但無提及時間。若用期權策略配合潛力股，再分持股策略與不持股策略，勝算大增。

身在香港，祝此書一紙風行！

杜嘯鴻

香港期權教室首席講師
香港《信報》專欄「期權教室」作者（Since 2007）
《期權 Long&Short》系列期權書籍作者

極簡動能投資的經典

當前同事昭賢教授找我幫他的新書寫推薦序時，本人滿心歡喜地接下這任務。昭賢教授素以動能投資聞名，也是投資類暢銷書作家，著有《90 天 900 萬》一書。

本書最大的亮點，就是透過**碎步上漲和 52 週高點假說**，看出上漲 10 倍的美國個股。全書中沒有涉及技術面和基本面分析，可以算是極簡動能投資的經典。

本書第一章介紹了投資美股的基本知識；第二章則系統性地列出動能理論，由於動能就是「**漲會繼續漲、跌會繼續跌**」，又由於多頭市場通常會延續數年，所以投資者當然可以一眼洞悉漲不停的個股。

動能理論認為投資者對資訊反應不足，會導致股價碎步上漲。而依據動能生命週期假說，碎步上漲為上漲動能初期。所以書中推論，當股價碎步上漲時，股價如果不是在底部區，就是靠近底部區。結合股價碎步上漲和 52 週高點假說，當股價以碎步上漲型

態，穿越前 52 週高點時，股價漲會繼續再漲。書中提供大量的美國個股 K 線圖，來佐證當觀察到碎步上漲和 52 週高點時，股價會漲繼續漲。

又因為股價不會一直漲漲上天，所以書中提出一個 52 週高點後的減碼策略。當股價在 52 週高點時，若出現 52 週最大跌幅，股價有很高的機率會跌繼續跌。書中並且以 S&P 500 的高價股，和交易最熱絡的個股 K 線圖來做說明，該減碼論點簡單俐落，值得投資人參考。

動能投資其實是多頭獲利，和掌握大波段的重要投資策略，配合行為財務學的理論，昭賢教授將他的研究心得發表成書，同時以實例驗證其投資策略。由於兼具理論與實務價值，值得肯定與推許，余樂為之序。

薛兆亨

國立高雄科技大學資訊管理系助理教授

知名網路財經作家

華爾街對沖基金選股密技

　　美國股市是全世界最大的股票市場，光是 Tesla 一檔個股的日成交金額就上兆元臺幣，比臺灣股票市場的日成交金額大了數倍。

　　美國股市相對於臺股，具有較高的市場透明度和效率性，也因為美股日成交金額龐大，因此股市主力基本上無法在美國股市呼風喚雨。這相對於臺股的淺碟型市場，市場中充斥著大大小小的主力，有很大程度上的不同。

　　由於股價漲會繼續漲，所以投資美股，只需要投資於碎步上漲時，並且持續加碼一年，即有豐厚的收益。相對於投資臺股，會因為主力充斥，導致價格上沖下洗，投資者通常都抱不住上漲的個股，錯過了豐厚的報酬，因此，就投資人角度而言，投資美股較為友善且容易有正報酬。

　　投資美股對臺灣人而言，還有多元化投資、降低系統性風險的優點。雖然投資美股有很多的優點，但臺灣的投資人並不了解美股，由於不了解美股，因而不敢投資美股。

臺灣投資人不了解美國股市，其原因之一，是市場上沒有專業解析美國股市的投資專書，大部分的投資書籍，只有介紹美國股市的市場運作和買賣股票的交易面實務，而影響投資決策最重要的股價分析，則沒有任何投資專書有能力觸及到。欠缺解析美股價格的投資專書，是臺灣投資人不懂美股的主要原因之一。

為搭起臺灣投資人投資美股的橋梁，撰寫一本兼具投資理論和實務的專書，有其必要性，而這正是筆者出版本書的動機。就華爾街的對沖基金而言，**動能策略**是量化投資的一個重要策略，而動能策略重點，在於找出漲會繼續漲的個股。依據動能理論，高顏值的「**碎步上漲**」和「**52 週高點**」兩種型態，是漲會繼續漲的基本型態。

而碎步上漲和 52 週高點兩種型態，投資人只要透過觀察，即可判斷其未來上漲走勢，可以說是投資股票最簡單且最具有獲利效率的投資方法，配合功能強大的 7trade 美股投資系統，臺灣投資人當可輕易的跨越投資美股的障礙，更近一步邁向財富自由。

能協助臺灣人投資美股獲利，則是筆者畢生的榮耀。

目次

PART **1**
股票價格行為

Chapter1 美國股票市場簡介 ⋯⋯⋯⋯⋯⋯⋯⋯⋯ 14

Chapter2 漲會繼續漲、跌會繼續跌 ⋯⋯⋯⋯⋯ 28

PART **4**
美股投資實務（顏值投資法）

PART 1
股票價格行為

本書的第一部分,主要在介紹股票的價格行為,透過動能的相關學術研究,我們已經知道動能就是:漲會繼續漲、跌會繼續跌。而股價要如何持續漲繼續漲、跌繼續跌呢?依據 Jegadeesh & Titman(1993)和 Lee & Swaminathan(2000)的研究,我們可以知道,股價就是以碎步上漲或碎步下跌型態,來持續漲繼續漲、跌繼續跌。

依據 Grinblatt & Han(2005)的展望理論和動能研究,我們可以知道股價就是透過 N 型態或 И 型態來漲繼續漲、跌繼續跌。George & Hwang(2004)發現 52 週高點是一動能關鍵點,股價越靠近 52 週高點,越有機會漲繼續漲。

本書第二章詳細的解釋碎步上漲和 N 型上漲是漲會繼續漲的基本型態。Lee & Swaminathan(2000)提出動能生命週期,上漲的動能起始於低交易週轉率,終止於高交易週轉率;相反的,下跌的動能起始於高交易週轉率,終止於低交易週轉率。

Chapter 1
美國股票市場簡介

　　美國股市是全球最大且最活躍的股票市場，它包括了紐約證券交易所（NYSE）和那斯達克市場（NASDAQ）等多個重要股票交易所。美國股市吸引了來自世界各地的投資者，包括個人投資者、機構投資者和外國投資者。

　　美國股市涵蓋了眾多行業和公司，包括科技、金融、能源、消費品等各個領域，許多知名的跨國公司，如蘋果、微軟、亞馬遜和谷歌等，都在美國交易所上市交易。

　　美國股市的指數，如道瓊工業平均指數（Dow Jones Industrial Average）、標準普爾 500 指數（S&P 500）和那斯達克綜合指數（NASDAQ Composite），被廣泛用作衡量股市整體表現的標準，這些指數反映了股市中一籃子不同公司股票的表現。美國股市的運

作受到聯邦監管機構，如美國證券交易委員會（SEC）的監管，投資者可以透過證券經紀商或線上交易平臺，參與美國股市的交易。

1-1 投資美股的優點

美股是全球最重要的市場，也是全球股票市值最高的市場，一般而言，投資美股有以下 5 個優點：

1. **高報酬**：美國股市就長期而言，提供了比債券或儲蓄帳戶等其他投資選項更高的報酬。

2. **分散原則**：基於不將所有雞蛋置放於同一菜籃的風險分散原則，我們的投資組合應當要納入美國的有價證券。

3. **流動性**：美股擁有非常高的流動性，這意味著投資者可以根據市場變化輕鬆買賣。

4. **定期股息收入**：美股一般而言是按季度發派股息，提供投資者定期收入。

5. **多元的投資選擇**：美國的上市公司超過 3,000 檔，提供投資者多元的投資選擇。

雖然投資美股有很多的優點，然而臺灣的投資人因不熟悉美股，以致投資美股的資金比率偏低。然就投資實務而言，美股的投資實比投資臺股簡單，這是因為有相當多的文獻在探討美股的價格動能，因此學術上對美股的股價有一定的了解，特別是碎步上漲動能。而碎步上漲一般而言是股價長期上漲的訊號，投資碎步上漲的股票就平均數而言，可以獲得不錯的報酬。

透過學術研究的成果，我們可以大幅度降低投資美股的不確定性和門檻，讓投資人正確的認知美股價格動能，並提高獲利能力，正是本書努力的方向。

碎步上漲是股價長期上漲的訊號，但投資者知之甚少。就美股而言，特別是 S&P 500 成分股，基本上都可以發現碎步上漲型態，投資碎步上漲型態的個股，通常會有豐厚的報酬。為何碎步上漲是股價長期上漲的訊號？在本書 2-1 節中，我將介紹碎步上漲的理論基礎。

圖 1.1、圖 1.2、圖 1.3、圖 1.4 分別為 Tesla 在不同時期的碎步上漲，圖 1.1 為 Tesla 在 2019/8-2020/2 期間碎步上漲；圖 1.2 為 Tesla 分別在 2020/4-2020/7、2020/11-2020/12 兩個期間碎步上漲；圖 1.3 為 Tesla 在 2021/5-2021/10 期間碎步上漲；圖 1.4 為 Tesla 在 2023/1 期間碎步上漲。圖 1.5、圖 1.6 為 Nvidia 分別在 5 個不同期間碎步上漲。

圖 1.1 Tesla（TSLA）股價日線圖（Ⅰ）

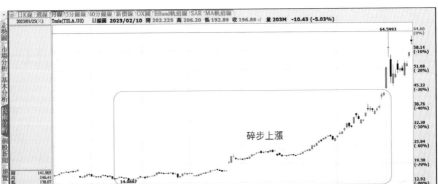

▲綠色方框內為 Tesla 股價在 2019/8-2020/2 期間碎步上漲，股價碎步上漲，
　是因為投資人對利多消息反應不足。碎步上漲是漲會繼續漲的基本型態。

圖 1.2 Tesla（TSLA）股價日線圖（Ⅱ）

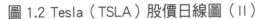
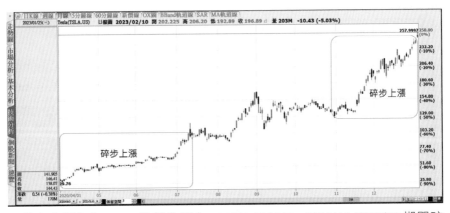

▲綠色方框內為 Tesla 股價分別在 2020/4-2020/7、2020/11-2020/12 期間碎
　步上漲，股價碎步上漲是因為投資人對利多消息反應不足。碎步上漲是漲
　會繼續漲的基本型態。

圖 1.3 Tesla（TSLA）股價日線圖（Ⅲ）

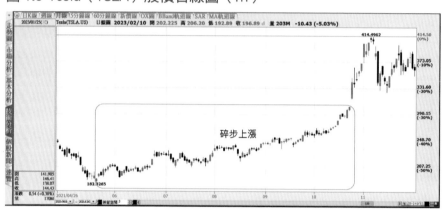

▲綠色方框內為 Tesla 股價在 2021/5-2021/10 期間碎步上漲，股價碎步上漲，
　是因為投資人對利多消息反應不足。碎步上漲是漲會繼續漲的基本型態。

圖 1.4 Tesla（TSLA）股價日線圖（Ⅳ）

▲綠色方框內為 Tesla 股價在 2023 年 1 月後碎步上漲，股價碎步上漲是因為
　投資人對利多消息反應不足。碎步上漲是漲會繼續漲的基本型態。

圖 1.5 Nvidia（NVDA）股價日線圖（I）

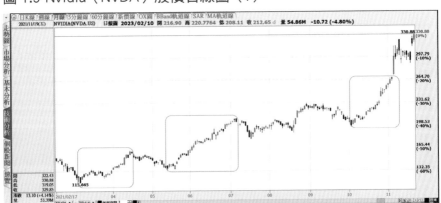

▲ 綠色方框內為 Nvidia 股價分別在 2021/2-2021/4、2021/5-2021/7、2021/10-2021/11 期間碎步上漲，股價碎步上漲是因為投資人對利多消息反應不足。碎步上漲是漲會繼續漲的基本型態。

圖 1.6 Nvidia（NVDA）股價日線圖（II）

▲ 綠色方框內為 Nvidia 股價分別在 2022/10-2022/11、2022/12-2023/1 期間碎步上漲，股價碎步上漲是因為投資人對利多消息反應不足。碎步上漲是漲會繼續漲的基本型態。

1-2 美股簡介

2023 年 2 月 8 日，美股的市值約為 41.1 兆美元，而臺股的市值約為 1.6 兆美元，所以美股的規模為臺股的 25.69 倍。美股最大市值的 500 支個股（S&P 500 成分股），其市值則為 34 兆美元。臺股 2023 年 2 月 8 日的成交值為 2,300 億臺幣；但間隔 12 小時後，光是 Tesla 一檔個股的交易值，就高達 400.14 億美元，約為 1.2 兆臺幣，是臺股成交值的 5.2 倍。

美股吸引了全世界的資金匯集，主力作手很難在美股興風作浪。臺股相對於美股是一個淺碟型市場，主力作手很容易找到標的個股興風作浪，一番股價上沖下洗後，散戶已經淪為波下亡魂。數據顯示，散戶在臺股中浮浮沉沉數十載，並無法累積到該有的資本利得。讀者仔細閱讀本書後，配合 7trade 的美股投資系統，逐漸地累積正確的投資觀念，擁有豐厚的投資報酬是可以期待的。

表 1.1 列出美股 2023 年 2 月 8 日成交值前 50 名個股。由表 1.1 我們可以發現，我們對這些成交值前 50 名個股並不陌生，甚至是耳熟能詳，例如 Tesla、Apple、Nvidia、Amazon、Meta 等等。蘋果電腦是 2 月 8 日成交值第 2 的個股，其交易值為 122 億美元（3,660 億臺幣），CVS Health 是成交值第 50 的個股，其交易值為 8.71 億美元（261 億臺幣）。

表 1.1 美股 2023 年 2 月 8 日成交值前 50 名個股

序號	商品	億美元
1	Tesla	400.14
2	Apple	122.20
3	NVIDIA	111.29
4	Amazon	98.33
5	Meta	88.91
6	Microsoft	86.99
7	AMD	58.17
8	Alphabet – Class A	47.48
9	Alphabet – Class C	35.14
10	Netflix	24.81
11	UnitedHealth	22.48
12	Exxon Mobil	22.29
13	Chevron	20.52
14	Intel	18.32
15	Johnson & Johnson	15.67
16	Visa	15.17
17	Salesforce	13.86

序號	商品	億美元
18	Eli Lilly	13.49
19	Walt Disney	13.48
20	Broadcom	12.70
21	QUALCOMM	12.62
22	Boeing	12.58
23	JPMorgan Chase	12.51
24	Bank of America	12.35
25	Pfizer	12.32
26	Caterpillar	11.51
27	ServiceNow	11.46
28	Texas Instruments	11.34
29	Enphase Energy	11.14
30	Berkshire Hathaway – Class B	11.10
31	PayPal	11.02
32	Ford Motor	10.81
33	Home Depot	10.57
34	Adobe	10.46

序號	商品	億美元
35	Mastercard	10.45
36	NextEra Energy	10.25
37	American Express	10.21
38	Citigroup	10.07
39	Merck	10.02
40	Costco	9.88
41	Procter & Gamble	9.49
42	Micron	9.34
43	ConocoPhillips	9.15
44	IBM	9.05
45	Wells Fargo	9.01
46	PepsiCo	8.93
47	General Motors	8.86
48	Linde	8.79
49	Charles Schwab	8.76
50	CVS Health	8.71

1-3 為何不投資美股的原因

　　模糊迴避（ambiguity aversion）這個概念，是在 1976 年代由心理學家 Daniel Kahneman 和 Amos Tversky 兩人提出，Daniel Kahneman 在 2002 年因為展望理論（prospect theory）的重大貢獻，因而拿到諾貝爾經濟學獎。Amos Tversky 則因為在 1996 年蒙主寵召，所以無法拿到 2002 年的諾貝爾獎。

　　模糊迴避是指人們在面對不確定性狀態時（uncertainty），會有迴避的傾向。

　　例如探索外太空，對人類而言充滿著不確定性，所以大部分的人類會傾向迴避太空探索，因為太空探索會讓自己面對不確定性，而這是大部分人類所不願意面對的。

　　模糊迴避和風險迴避不同，模糊迴避是指人們在面對不確定性狀態時，會有迴避的傾向；風險迴避是指人類在面對真實結果和預期結果不同時，會有迴避的傾向。當真實結果和所預期結果不同時，我們稱之為風險，所以投資股票的風險，在於真實的報酬和所預期的報酬不同。

　　不確定性和風險的不同處，在於不確定性狀態存在時，我們無法預測其結果，例如我們無法知道外太空探索的結果；而風險狀態

存在時，我們是可以推測其結果的，例如我們可以透過**資產資本定價理論**（Capital Asset Pricing Model, CAPM），來獲得有價證券的預期報酬率。

而造成模糊迴避的原因之一，則為人類無法正確的解讀資訊造成的。臺灣投資人由於無法正確的解讀美股資訊，因而採取迴避不投資美股的策略，所以當人類對事情的掌握度越清楚明瞭後，就能夠大幅度的降低模糊迴避傾向。

模糊迴避的直接應用就是**本土偏誤**（local bias），本土偏誤是指人類因為熟悉家鄉的人、事、物，對家鄉的人、事、物有熟悉感，因而降低了離鄉背井到外地打拚的傾向，因為到外地打拚對人類而言，存在著不確定性。

就投資者而言，也存在著本土偏誤狀態，投資者因為習慣臺灣股票市場，且無法正確的解讀美股資訊，所以投資美股對投資者而言充滿著不確定性，因而迴避投資美股。所以投資人如能夠正確的解讀美股資訊，就能夠不迴避美股，進而透過投資美股獲利。

1-4 美國股票市場透明度和效率性

美國股市以其高透明度和市場效率而聞名，以下為資訊透明度和市場效率的說明：

1. **資訊透明度**：美國上市公司被要求提供廣泛的公司營運資訊，使投資者能夠獲取上市公司的營運詳細資訊，上市公司必須定期向投資者公開披露財務報表、業績、風險和其他相關訊息。此外，投資者可以透過研究報告和公司新聞發布，來獲取即時和全面的市場資訊。

2. **市場效率**[1]：美國股市被認為是高效能的半強勢效率市場，即股價已充分反應了（I）過去所有已知的訊息；（II）對公司未來業績的預測。[2] 效率市場的基本原則為：股價會迅速立即的反應市場所有資訊，所以我們時常可以看到個股跳空大漲來反應利多消息，或者看到個股因為利空消息而跳空大跌。

註 1：參見附錄一的效率市場。

註 2：股價已充分反應了過去所有已知的訊息，意涵投資人無法透過以量價為主的技術分析，來獲取超額報酬。而股價已充分反應對公司未來業績的預測，則意涵投資人無法透過研究公司未來的營運績效，來獲取超額報酬。

由圖 1.7 的 AI 股價 K 線圖中，我們可以發現股價在 2023 年 3 月 31 日大漲 21.5%，在 2023 年 4 月 4 日大跌 26.34%。又股價在 2023 年 5 月 30 日跳空大漲 33.42%，在 2023 年 6 月 2 日跳空大跌 13.22%。

股價之所以會跳空大漲（跌），就是在效率市場下，股價在反應市場上所有的資訊，這種股價行為，符合效率市場假說的基本原則。

圖 1.7 C3.ai（AI）股價日線圖

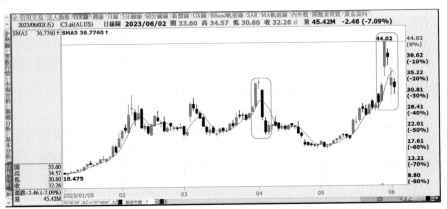

▲在效率市場下，股價反應市場上所有的資訊，所以類似 AI 股價暴漲暴跌的個股並不少見。

Chapter 2
漲會繼續漲、跌會繼續跌

　　1993 年，Jegadeesh & Titman 兩人在財務學頂尖期刊《Journal of Finance》發表動能實證論文後，學術界和實務界從此對價格動能有更深入的理解和應用。

　　價格動能（momentum）就是「**漲會繼續漲、跌會繼續跌**」，雖然現在已經是 2024 年，距離論文發表已經 31 年了，但是大部分投資人還是不了解，價格會漲繼續漲、跌繼續跌。有價證券漲會繼續漲、跌會繼續跌的真實範例多如繁星，就美股的漲勢而言，上期的價格動能出現在 2020 年 3 月到 2022 年 1 月間，然而在此期間，全球的有價證券價格，基本上都是跟著美股漲再繼續漲，近期的美股價格動能則是從 2022 年 10 月開始，並在上漲持續中。

　　投資人由於不知道價格漲會繼續漲，所以看到有價證券一直

在漲,就顯得心煩意亂不知所措。要投資股票卻嫌股價太高不太敢買,股價創新高後,由於擔心股價下跌,因此過早把手上持股賣出,但是賣出後股價卻又一直在漲,讓情緒陷入極度扼腕中。

股價為何會「漲會繼續漲、跌會繼續跌」?其原因為投資人對公開資訊反應不足,或是投資人的處置效果行為造成的,以下我們就針對這兩個原因詳細說明。

2-1 動能和對資訊反應不足

形成動能的原因之一,依據學術研究,其原因為:投資人對公開資訊反應不足。由於投資人對公開資訊反應不足,所以會造成投資人進場買入股票時間點不同,由於進場買股時間點不同,所以股價會形成一種碎步上漲走勢。

碎步上漲型態就是一種會繼續漲的型態,而股價碎步走勢則存在於全球各個股票市場中,例如圖 2.1、圖 2.2 中,台積電(2330)和蘋果電腦(AAPL)股價正在碎步上漲中。

圖 2.1 台積電（2330）股價日線圖

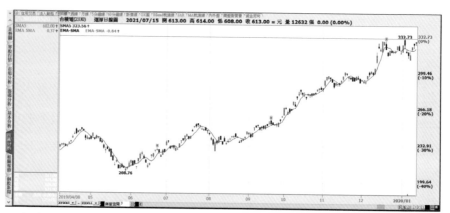

▲台積電股價在 2019/5-2020/1 期間碎步上漲，碎步上漲為投資人對利多消息反應不足。碎步上漲是漲會繼續漲的基本型態。

圖 2.2 Apple（AAPL）股價日線圖

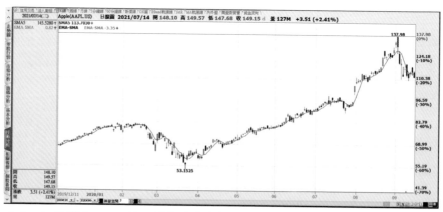

▲ Apple 股價在 2020 年 3 月後碎步上漲，碎步上漲為投資人對利多消息反應不足。碎步上漲是漲會繼續漲的基本型態。

2-2 動能和處置效果

2005 年 Grinblatt & Han 兩人在財務學頂尖期刊《Journal of Financial Economics》發表展望理論和動能論文後，學術界和實務界從此瞭解，投資人的處置效果也會導致價格動能，即「漲會繼續漲、跌會繼續跌」，那什麼是處置效果（disposition effect）呢？

處置效果係指投資人因擔心股價下跌造成的獲利減少，而形成的一種心理焦慮狀態，所以當股價越漲越高時，入袋為安的情緒會高漲，因而抱不住正在上漲的股票；相反的，當股價下跌導致投資人虧損時，由於投資人害怕實現帳上虧損，會傾向繼續持有虧損的股票，期待價格反轉，轉虧為盈。這種賺小錢馬上賣出，賠錢卻繼續持有的投資行為，學術上稱之為**處置效果**。

處置效果可以透過展望理論的 S-shape 來作完美的詮釋，而人類的損失迴避天性，是造成 S-shape 轉折點的原因。損失迴避是指人類失去財富的痛苦，是獲得等額財富快樂的 2-2.5 倍，意思是說，投資人若要撫平股票賠錢 10 萬元所帶來的內心痛苦，必須要從股票再賺回 20-25 萬元才行。

損失迴避、S-shape 及機率幻覺為展望理論的三個構面，**展望理論**是 1979 年由 Kahneman & Tversky 兩人所提出，其中 Kahneman 更是在 2002 年獲得諾貝爾經濟學獎殊榮。有關於展望理論的進一

步探討，讀者可以瀏覽 7trade 學院內的「投資心理學聖經」，其網址為：https://www.7trade.com.tw/psychology。

投資人的處置效果，會造成股價 N 型態，股價 N 型態也是漲會繼續漲的一種型態。為何處置效果會造成股價的 N 型態呢？處置效果係指投資人在投資獲利時，傾向賣出獲利的部位，當股價持續性的遭遇到獲利賣壓時，這些層層的獲利賣壓，會讓股價無法直接反應股價利多直接漲到頂。

股價在上漲過程會遭遇價格修正，待價格修正後再繼續往上漲，因此整個上漲過程為 N 型態；下跌過程亦然，當股價下跌時，若投資者害怕實現虧損不賣出，在沒有下跌賣壓下，股價就不會一次跌到底。

股價在下跌過程會遭遇價格反彈，待價格反彈後再繼續往下跌，所以整個下跌過程為 И 型態。股價上漲過程中，若沒有投資者層層的獲利賣壓，股價就會如旱地拔蔥般瞬間到頂；同理，當投資人不害怕實現虧損時，在賣壓大幅出籠下，股價也會如洩洪般一瀉千里。

圖 2.3 為 Meta 的日 K 線圖，我們可以明顯地觀察到，Meta 持續以 N 型態續創股價新高；相反的，Tesla 則持續以 И 型態續創股價新低，參見圖 2.4。由圖 2.3 的 Meta 日 K 線圖中，我們可以觀

察到 B 點前,其價格走勢為碎步上漲型態且多頭確立,即 AB 兩點
距離,會決定後續股價是否會突破 B 點,一般而言,AB 兩點幅度

圖 2.3 Meta（META）股價日線圖

▲ Meta 股價持續以 N 型態續創新高,AB 兩點幅度距離越大,代表多頭氣勢
　強勁,股價續創新高的機率越高。

圖 2.4 Tesla（TSLA）股價日線圖

▲ Tesla 股價持續以 И 型態續創新低,AB 兩點幅度距離越大,代表空頭氣勢
　強勁,股價續創新低的機率越高。

距離越大，股價續創新高的機率越高。圖 2.4 的 Tesla 則持續以 И 型態續創價格新低，一般而言，AB 兩點幅度距離越大，股價續創新低的機率越高。

而處置效果的量價關係為何呢？投資人在股價上漲後，會持續出脫獲利部位，自然會明顯的增加交易量；在股價上漲後的價格修正，會短暫的讓投資者賠錢，但因投資人在價格修正期間不會賣出虧損部位，自然會明顯的降低交易量；待股價修正完畢後再度上漲時，成交量又會再度增加。因此當股價 N 型態上漲時，就會形成股價上漲量增、股價下跌量減的量價關係。

又當股價 N 型態發生時，後續股價會不會越過 N 頂呢？股價要越過 N 頂，有很高的機率取決於 N 頂前的價格走勢，一般而言，N 頂前的多頭走勢明確，則後續股價高於 N 頂的機率越高，反之則越低。以圖 2.3 為例，B 點為 N 頂，A 點為起漲點，若股價在 B 點時多頭強勁，則後續股價高於 B 點的機率會很高。這種現象的原因，是因為多頭的特徵就是漲會繼續漲，所以當股價在 B 點時多頭強勁，則後續股價躍過 B 點的機率會很高。

空頭市場當股價 И 型態發生時，後續股價會不會低於 И 底呢？股價要低於 И 底，有很高的機率取決於 И 底前的價格走勢，一般而言，И 底前的空頭走勢明確，則後續股價低於 И 底的機率越高，反之則越低。以圖 2.4 為例，B 點為 И 底，A 點為起跌點，

若股價在 B 點時空頭強勁，則後續股價低於 B 點的機率會很高。這種現象的原因，是因為空頭的特徵就是跌會繼續跌，所以當股價在 B 點時空頭強勁，則後續股價低於 B 點的機率會很高。

2-3 動能和過度自信

1998 年 Daniel, Hirshleifer and Subrahmanyam（以下稱 DHS）等三人，在財務學頂尖期刊《Journal of Finance》上發表過度自信論文，該論文證明投資人高估自己持有資訊的精確度，會持續性的推升股價，最終導致價格泡沫，而投資人高估自己持有資訊的精確度，就是**投資人過度自信**。由於過度自信具有學習的歷程，投資人剛進入股票市場時，是不會有過度自信心態的。

投資人過度自信的形成，時常發生在股市多頭市場裡。當股市處於多頭市場時，幾乎所有的個股都會輪動上漲，因此投資人只要有投資，幾乎都會賺錢，一段時間後，投資人會誤認為賺錢是自己能精確的解讀個股資訊，所以才能夠持續從股市獲利。

然而投資人之所以能短暫的從股市獲利，是因為他們處在股市多頭市場，在個股輪動上漲下，當然有很高的獲利機會。在過度自信的心態驅使下，投資人在股票賺錢後，會投入更多的資金於股

市，一直推升個股到價格泡沫為止。

　　我們如何觀察到個股是由過度自信投資人進場推升股價的呢？由於過度自信投資人在股票賺錢後，會投入更多的資金於股市，所以如果個股上漲時伴隨著交易量急速增加，且投資人都在討論這些個股時，很明顯的這些個股的價格推升，就是投資人過度自信造成的。

　　2021 年的貨櫃航運股股價上漲，就是過度自信投資人推升的。原因很簡單，幾乎所有投資貨櫃航運股的投資人，都變成了貨櫃航運專家，大街小巷熱烈的討論誰是航海王。

　　由圖 2.5 的長榮 K 線圖中，我們可以發現成交值伴隨著股價大漲而急速增加，在 2021 年 6-7 月間，一個交易日的成交值都大於 500 億臺幣天量。而在 2021 年 6 月 16 日，更創下 1,420 億臺幣的歷史天量，足可證明長榮當日吸引了市場的過度自信投資者，因而創造出過度交易量。

　　由圖 2.6 的陽明 K 線圖中，我們也可以發現成交值伴隨著股價大漲而急速增加，其股價和成交值走勢雷同長榮。陽明在 2021 年 7 月 8 日也創下 1,420 億的歷史天量，可證明陽明當日吸引了市場的過度自信投資者，因而創造出過度交易量。

圖 2.5 長榮（2603）股價日線圖

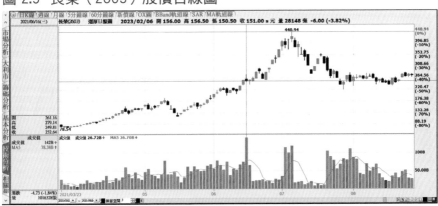

▲過度自信投資者高估自己的資訊精確度，在不斷追價下推升股價。成交值會
伴隨股價大漲而急速增加，長榮在 2021 年 6 月 16 日創下 1,420 億歷史天
量，證明長榮當日吸引市場的過度自信投資者，創造出過度交易量。

圖 2.6 陽明（2609）股價日線圖

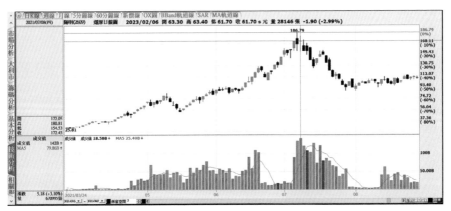

▲過度自信投資者高估自己的資訊精確度，在不斷追價下推升股價。成交值會
伴隨股價大漲而急速增加，陽明在 2021 年 7 月 8 日創下 1,420 億歷史天量，
證明陽明當日吸引市場的過度自信投資者，創造出過度交易量。

圖 2.7 Tesla（TSLA）股價日線圖

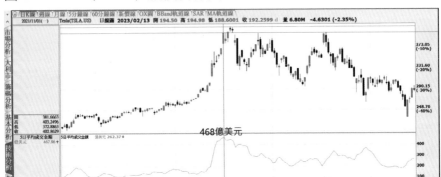

▲過度自信投資者高估自己的資訊精確度，在不斷的追價下推升了股價。成交值會伴隨著股價大漲而急速增加，Tesla 在 2021 年 11 月 1 日創下 468 億美元的大量，足可證明 Tesla 當日吸引了市場的過度自信投資者，因而創造出過度交易量。

　　圖 2.7 為 Tesla 的 K 線圖，Tesla 在 2021 年 11 月 1 日創下 468 億美元（約 1.4 兆臺幣）天量，股價在 3 個交易日後（11 月 4 日）價格反轉，股價從 410 元一路狂瀉到 2023 年 1 月 3 日的 108 元才止跌。很明顯的，Tesla 的價格泡沫，就是投資者過度自信下造成的。

2-4 動能和 52 週股價高點

52 週股價高點（52-week high, 52WH）為 George & Hwang 兩人在 2004 年發表於財務學頂尖期刊《Journal of Finance》上的一篇實證論文。該論文發現，股價靠近 52 週價格高點的個股，其後續的上漲動能強勁，且上漲動能長時間沒有產生價格反轉。

順著這研究發現，投資人理當在價格創下一年新高價時，要勇敢的投資，以獲取高額報酬。然而事實上恰恰好相反，當個股創下一年新高價時，投資人反而會認為股價已經漲太多了，因而不敢投資，錯失了獲利良機。

但解讀論文時，不能誤解論文的意思，論文的發現指的是平均而言，股價靠近 52 週價格高點的個股，其後續的上漲動能強勁，而不是每支靠近 52 週價格高點的個股，都會續創一年新高價。

也會有一部分個股，挑戰 52 週價格高點失敗而下跌，當挑戰 52 週價格高點失敗下跌時，價格型態就會變成 M 頭或者是多重頭部，即 K 線圖上呈現 3 個或 3 個以上頭部。圖 2.8 為 Microsoft 股價突破 52WH 後持續上漲並創新高價；圖 2.9 為 Nvidia 股價突破 52WH 後持續上漲並創新高價。

圖 2.8 Microsoft（MSFT）股價日線圖

▲ Microsoft 股價在 2019 年 3 月突破 52WH 後股價持續上漲，並創下新高價。

圖 2.9 Nvidia（NVDA）股價日線圖

▲ Nvidia 股價在 2021 年 5 月突破 52WH 後，股價持續上漲，並創下新高價。

　　如上所述，多重頭部形成的原因，實為股價持續挑戰 52 週價格高點失敗造成的，當多重頭部形成時，且股價在 52 週價格高點附近，我們可以考慮放空這些具有多重頭部形態的個股。

　　當第 2 個頭部完成後，此時形態狀似 M 頭，要盡量避免放空 M 頭，因為股價再上漲的機率非常高；第 3 個頭部完成後，且股價在 52 週高點附近，可以考慮放空；如果第 4 個頭部完成，且股價在 52 週高點附近，可以大膽地進行放空。

　　圖 2.10 為 AMN 股價挑戰 52 週高點失敗後，從 F 點大幅度下跌，形成多重頭部；圖 2.11 為 PBR 股價挑戰 52 週高點失敗後形成多重頭部，股價從 F 點大幅度下跌近 50%。

圖 2.10 AMN Healthcare（AMN）股價日線圖

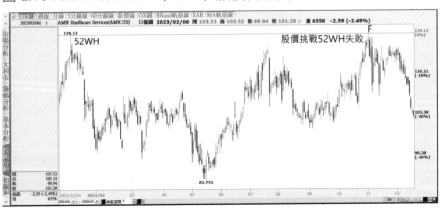

▲ AMN 股價挑戰 52 週高點失敗後，股價從 F 點大幅度下跌，形成多重頭部。

圖 2.11 Petroleo Brasileiro（PBR）股價日線圖

▲ PBR 股價挑戰 52 週高點失敗後，股價從 F 點大幅度下跌，形成多重頭部。

2-5 動能和交易量關係

2000 年 Lee & Swaminathan 兩人在財務學頂尖期刊《Journal of Finance》上發表動能和交易量論文，這篇論文發現透過個股的交易量週轉率，可以預測投資組合後續動能。

就上漲動能而言，投資組合週轉率越低，後續動能越持續；相反的，投資組合週轉率越高，後續動能越短。就下跌動能而言，投資組合週轉率越高，後續下跌動能越持續；相反的，投資組合週轉率越低，後續下跌動能越短。

這篇論文還提出**動能生命週期**（momentum life cycle, MLC），動能生命週期區分動能初期（漲會繼續漲、跌會繼續跌）和動能末期（價格將反轉）。

動能初期為：投資組合前期報酬為正且低週轉率（漲會繼續漲）；或投資組合前期報酬為負且高週轉率（跌會繼續跌）。動能末期為：投資組合前期報酬為正且高週轉率；或投資組合前期報酬為負且低週轉率。為方便讀者更清楚知道動能生命週期，我將動能生命週期製作成表 2.1。

表 2.1 動能生命週期

	前期正報酬	前期負報酬
交易量低週轉率	上漲動能初期	下跌動能末期
交易量高週轉率	上漲動能末期	下跌動能初期

註：動能末期係指價格將反轉。

　　由此可見，股市諺語「有量就有價」，其實只是股價上漲的其中一個現象，價格要長期持續上漲，必須要有低的成交量或低週轉率，如此才不容易短時間造成價格反轉。

　　由於成交量不是一個標準化的單位，因此要測度個股交易活絡度，必須要使用標準化的週轉率。其理由很簡單，日成交一萬張股票對股本十億的公司算是大量，但對台積電而言卻是非常的小量，所以不能直接以成交量來測度個股活絡度，而要以週轉率來測度個股活絡度。由於長期動能上漲的個股，其週轉率都非常的低，因此我們以累計的 5 日移動週轉率來測度個股活絡度。

　　透過動能生命週期，我們知道以低交易量上漲的個股，其上漲趨勢會持續一個較長的時間；相反的，上漲且高交易量的個股，其上漲時間較短，且很快會遭遇到價格反轉。

　　讀者可透過圖 2.12、圖 2.13、圖 2.14 來觀察台積電（2330）、聯發科（2454）、長榮（2603）等 3 檔個股，其動能和週轉率的關係，其中台積電、聯發科的累計 5 日移動週轉率，在上漲過程中都非常低，台積電長期低於 1%；聯發科長期低於 6%，所以台積電、聯發科的上漲動能期間長達數年。

　　相反的，長榮以非常高的週轉率在上漲，其累計 5 日移動週轉率高達 60%，為台積電的 60 倍，所以長榮只漲了 6 個月就遭遇到價格反轉。

圖 2.12 台積電（2330）股價日線圖

▲台積電的 5 日週轉率在上漲過程中都非常低，長期低於 1%，所以台積電的上漲動能期間長達數年。

圖 2.13 聯發科（2454）股價日線圖

▲聯發科的 5 日週轉率在上漲過程中都非常低，長期低於 6%，所以聯發科的
上漲動能期間長達數年。

圖 2.14 長榮（2603）股價日線圖

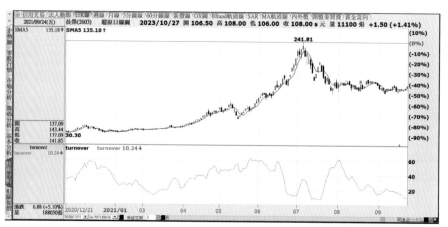

▲長榮以非常高的週轉率上漲，5 日週轉率高達 60%，所以長榮股價只漲了
6 個月就遭遇到價格反轉。

我的投資筆記

PART 2
投資人交易行為

投資人喜歡執行買低賣高的價值投資策略,然而研究發現,法人最常執行的卻是動能投資策略。

投資人時常賣出正在上漲的股票,卻留下賠錢的股票。投資人也在投資獲利後,高估自己的資訊精確度因而加碼下注,卻因價格反轉時而導致虧損。

其實正確的投資行為應該是:執行動能投資策略,獲利時要加碼,虧損時要減碼。

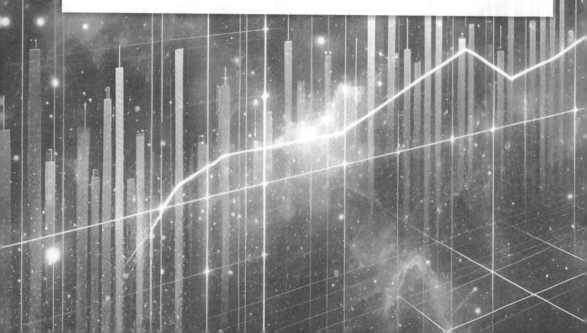

Chapter 3

投資者投資行為

3-1 動能投資策略 VS 價值投資策略

「**動能投資策略**」（momentum investing strategy）是一個學術
用語，它是指投資人在投資股票時採取追高殺低法。一般而言，投
資人常被告誡不要採取追高殺低投資法，然而，具有資訊優勢的投
資人，例如外資，卻時常採取追高殺低法，並且獲得巨額報酬，可
見投資大眾非常不了解動能投資策略或追高殺低法。

由於投資者對公開資訊反應時間不同，或稱之為對資訊反應不
足，因此股價時常呈現漲繼續漲、跌繼續跌的現象，也就是所謂的
價格動能（price momentum）。

當我們發現和知道價格會呈現漲繼續漲、跌繼續跌的現象和原

因後，投資人就會發現面對價格動能現象時，他需要採取動能投資策略或追高殺低法。通常具有資訊優勢的大型機構投資人，例如外資和共同基金經理人，都是採取動能投資策略，也就是一路追價加碼買上去，或是一路砍殺加碼賣出去。

讀者可以發現，動能投資策略不需要去猜股價的低點或高點，追高殺低策略的追高，是指投資者股票買在股價已經漲上來後；而殺低是指投資者股票賣在股價已經跌下去後，所以追高殺低策略賺的，是股價持續上漲或持續下跌過程中的價差。

一般而言，散戶大眾會採取所謂的價值投資法，也就是買低賣高投資法。然而當股價持續上漲時，散戶根本不敢買入，原因是散戶設定的策略就是要買在低點；但當股價持續下跌時卻越買越多，試圖攤低成本（average down），因此越賠越多。

買低賣高法會有一個盲點，原因是投資者永遠都不會預先知道真正的價格低點和高點，散戶會誤認現在的股價已經非常低了，因而進場買入，然而在價格動能下，價格還會持續往下跌，因此一買就虧損住套房；好不容易等到股價上漲解套了，卻急忙的將股票拋售，在價格動能下，股價卻還會持續往上漲，所以散戶在股價上漲過程中，也一定會拋售得過早。

一般而言，外資和法人相較於散戶，會具有資訊優勢，例如台

積電的最大股東其實是外資,當這些大股東去拜訪台積電時,台積電得派出高階主管向外資報告未來業績展望和獲利狀況,而外資也會依據台積電簡報的資訊加以判讀,並撰寫報告給它的客戶,當然散戶是沒有這待遇的。

具有資訊優勢的外資,通常採取動能投資策略或是追高殺低投資法,例如 Grinblatt & Keloharju 兩位教授發現,在芬蘭的股票市場裡,外資是最老練的投資者,採取動能投資策略並且賺大錢,而散戶採取價值投資法或買低賣高投資法,該論文發現外資為股票市場最大贏家。

Anthony Richards 發現外資在臺灣、印尼、菲律賓、泰國、韓國和 Kosdaq 等六個市場裡,採取動能投資策略,而且外資的買賣超會直接影響股價。就臺灣市場而言,眾所皆知外資是臺灣證券市場的最大贏家,且外資是採取動能投資策略。

一般而言,投資的實證研究都發現,動能投資策略的績效會優於價值投資策略的績效。動能投資策略的優點在於,投資人不需要去臆測股價的高低點,在股價一路上漲或一路下跌過程中,投資者不論是追高或殺低都可以獲得正報酬。

雖然動能投資的績效普遍優於價值投資策略,然而一般投資者習慣的是價值投資法,所以一個能獲利且融合動能和價值投資的策

略，必能獲得廣泛投資人的喜愛。

在第 4 章中，我們將介紹一個能獲利且融合動能和價值投資的策略：**顏值投資法**。顏值投資法非常適合大型的美股，例如 S&P 500 成分股，這是因為大型股的動能，通常都能持續 2-3 年的長度，且呈現高顏值的價格走勢。

3-2 反處置效果的加碼和減碼

2009 年，Barberis & Xiong 兩人在財務學頂尖期刊《Journal of Finance》上發表反處置效果理論論文，這篇論文證明在展望理論的損失迴避構面下，投資人會呈現反處置效果，反處置效果為投資人加碼上漲中的股票，減碼下跌中的個股。

透過論文的模擬，發現加碼上漲中的股票、減碼下跌中的個股，可讓投資人獲得高額報酬。所以投資人要從股票市場中獲得高額報酬，就必須要加碼上漲中的股票，減碼下跌中的個股。

本書第 2-2 節所探討的處置效果，是投資人最大的投資偏誤之一。處置效果屬於人類的一種天性，也就是說，處置效果是與生俱來的。處置效果讓投資人在賺取微薄的價差後，由於擔心股價會下

跌，因而急忙地將獲利中的個股賣出；相反的，投資人在虧損狀態下，由於害怕實現虧損，因而繼續持有虧損中的個股。所以處置效果程度高的投資人，一般而言整體投資績效是負的。因此，要讓投資績效為正，投資人需要的是**反處置效果行為**，即投資人應該要在投資獲利時加碼，在投資虧損時減碼。

股票部位減碼的重要性遠高於買股票，買股票大家都會，只要有錢就可以買，但不是所有投資者都有能力把股票賣在好價格，特別是持有的股票正在賠錢中，這是因為投資者害怕股票賣出後，帳上虧損變成實現虧損。但越是害怕投資虧損越要停損，這是因為在下跌動能下跌會繼續跌，所以如果沒有在好的價位拋售持股，恐遭受大幅度的虧損。

表 3.1 為 2022 年 2 月至 2023 年 2 月間，S&P 500 成分股下跌幅度大於 50% 的個股，共有 44 檔個股。在這 44 檔個股中，臺灣投資人耳熟能詳的 Tesla 下跌超過 70%；Meta、Nvidia 兩檔個股下跌超過 60%，Netflix、AMD、Intel、Amazon、Applied Material 5 檔個股下跌超過 50%。

由表 3.1 可知，即使是大型權值股，也會下跌超過 50%，所以投資人在面臨股價下跌中，若沒有執行停損，恐遭遇重大虧損。

表 3.1 股價大跌的 S&P 500 成分股

序號	公司名稱	股票代碼	下跌幅度
1	Carnival Corporation	CCL	74.2%
2	Generac Holdings Inc.	GNRC	73.8%
3	**Tesla**	**TSLA**	**73.5%**
4	Warner Bros. Discovery	WBD	71.3%
5	Lumen Technologies	LUMN	70.2%
6	SVB Financial Group	SIVB	69.9%
7	Signature Bank	SBNY	69.5%
8	Align Technology	ALGN	67.5%
9	Match Group	MTCH	67.2%
10	Royal Caribbean Group	RCL	65.0%
11	EPAM Systems	EPAM	64.8%
12	Catalent	CTLT	64.7%
13	Caesars Entertainment	CZR	64.2%
14	**Meta**	**META**	**62.8%**
15	DISH Network	DISH	62.8%
16	**NVIDIA**	**NVDA**	**62.6%**
17	Expedia Group	EXPE	62.2%
18	Lincoln National Corporation	LNC	61.4%

序號	公司名稱	股票代碼	下跌幅度
19	Paramount - Class B	PARA	61.0%
20	**Netflix**	**NFLX**	**59.6%**
21	V.F.	VFC	59.5%
22	Etsy	ETSY	59.1%
23	Stanley Black & Decker	SWK	58.3%
24	Seagate	STX	57.9%
25	Newmont	NEM	56.6%
26	**AMD**	**AMD**	**56.6%**
27	Norwegian Cruise Line Holdings	NCLH	56.0%
28	Bath & Body Works	BBWI	55.7%
29	Baxter	BAX	55.6%
30	Wynn Resorts	WYNN	55.1%
31	DENTSPLY SIRONA	XRAY	54.9%
32	Newell Brands	NWL	53.7%
33	Illumina	ILMN	53.3%
34	**Intel**	**INTC**	**53.2%**
35	CarMax	KMX	53.0%
36	Western Digital	WDC	53.0%
37	**Amazon**	**AMZN**	**52.3%**

序號	公司名稱	股票代碼	下跌幅度
38	Freeport-McMoran	FCX	52.3%
39	Boston Properties Inc.	BXP	51.9%
40	Ball	BALL	51.5%
41	Charter Communications	CHTR	51.4%
42	West Pharmaceutical Services	WST	51.4%
43	**Applied Materials**	**AMAT**	**50.5%**
44	DexCom	DXCM	50.4%

註：股價跌幅計算期間：2022 年 2 月至 2023 年 2 月。粗黑字體公司為臺灣投資者熟悉的美國上市公司。

以下將以 3 檔個股 K 線圖說明在股價下跌中，若沒有減碼賣出持股部位，將導致重大虧損。相對於美國股票市場的無漲跌幅限制，臺灣有最高 10% 的漲跌幅限制，當股價下跌 10% 跌停時，投資人基本上是無法拋售持股的，這是因為當股價跌停時，不會有買盤存在，所以投資人即使要賣股票也賣不掉。

筆者嚴厲譴責這種坑殺投資人的漲跌幅限制，因為當股價跌停時，會讓多頭投資人無法賣出持股；而當股價漲停時，會讓空頭交易者無法回補空頭部位，因而導致重大虧損。圖 3.1 的世芯 -KY（3661）就是股價連續跌停的 K 線圖，此時多頭部位投資者無法拋售持股，只能每日眼睜睜看著股價下跌，心在淌血卻無能為力。

期待金管會能早日讓臺股上國際軌道，取消臺股的漲跌停制度。

　　圖 3.1 為世芯 -KY（3661）在 2021 年 Q1 的 K 線圖，在它大跌前，有 A、B 2 次好的價格減碼機會，如果投資人在這 2 次減碼機會中確實減碼，相信所造成的傷害就相對輕微；但如果投資人在價格下跌中沒有減碼，將會面臨巨大的財富損失。

圖 3.1 世芯 -KY（3661）股價日線圖

▲世芯 -KY（3661）在它大跌前有 A、B 2 次好的價格減碼機會，如果投資人在價格下跌中沒有減碼，將會面臨巨大的財富損失。

　　圖 3.2 為 Tesla 日 K 線圖，在它大跌前出現了 A、B、C 3 次好的價格減碼機會，但如果投資人在價格下跌中沒有減碼，將會面臨高達 73% 的跌價損失。圖 3.3 為 Netflix 日 K 線圖，在它大跌前有 AB 區間的減碼價格帶，但如果投資人在價格下跌中沒有減碼，將會面臨高達 73% 的跌價損失。

圖 3.2 Tesla（TSLA）股價日線圖

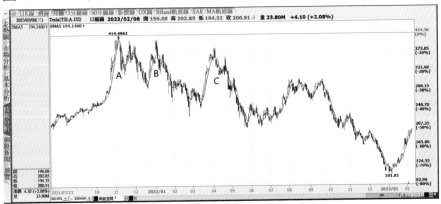

▲ Tesla 在它大跌前有 A、B、C 3 次好的價格減碼機會，如果投資人在價格下跌中沒有減碼，將會面臨巨大的財富損失。

圖 3.3 Netflix（NFLX）股價日線圖

▲ Netflix 在它大跌前有 AB 區間的減碼價格帶，如果投資人在價格下跌中沒有減碼，將會面臨高達 73% 的跌價損失。

3-3 股價 52 週高點後的減碼

本書第 2-4 節敘述的 52 週股價高點，是著名的股價動能現象。但是當股價無法突破 52WH 且價格反轉時，就會形成價格頭部。當價格頭部確立時，投資人最好進行減碼，以防止股價下跌造成的投資虧損。

當股價在 52WH 且股價動能結束要下跌時，股價必然會出現 52 週期間未曾有的價格型態和跌幅，也就是說，當股價出現 52 週期間未曾有的：①下跌價格型態和②跌幅時，股價有相當高的機率會大幅度下跌。[3]

在本書中，當下跌的股價符合 52 週期間未曾有的：①下跌價格型態和②跌幅時，我們稱呼這價格點為 C，而當 C 點出現時，投資者最好執行減碼，因為股價有很高的機率會持續性的大跌。

股價在 52WH 後出現 C 點時，股價有很高的機率會大跌。為印證 C 點出現後股價會大跌，我在表 3.2 列出 10 檔出現 C 點的 S&P 500 成分股，個股的 52 週高點和 C 點，是從 2023 年 2 月 17 日往前觀察。

表 3.2 的 Panel A，列出 5 檔股價最高的個股，這 5 檔個股分

註 3：這個論點適用於所有的有價證券。

別為 NVR、Autozone、Booking Holdings、Chipotle Mexican Grill、Mettler-Toledo。其中 NVR 每股股價超過 5,000 美元，Autozone、Booking Holdings 兩檔個股每股股價超過 2,000 美元，Chipotle Mexican Grill、Mettler-Toledo 兩檔個股每股股價超過 1,500 美元。

表 3.2 的 Panel B，列出 5 檔日成交值最高的個股，這 5 檔個股分別為 Tesla、Nvidia、Microsoft、Amazon、Meta。其中 Tesla 的交易值超過 400 億美元，Nvidia 的交易值超過 100 億美元，Microsoft 個股的交易值超過 95 億美元，Amazon、Meta 兩檔個股的交易值，則介於 55-70 億美元之間。

在表 3.2 中的 10 檔個股中，我們發現只有 Autozone 的股價在 C 點後持續上漲，其它的 9 檔個股都是下跌的。股價從 52WH 到 52WL 的跌幅介於 38.95%-77.08% 之間。其中跌幅最大的是 Meta，跌幅為 77.08%；跌幅最小的是 CMG，跌幅為 38.95%。

表 3.2 股價 52 週高點後的減碼

Panel A S&P 500 股價最高個股

公司名稱	股票代碼	52WH	C 點價格	52WL	股價跌幅
NVR	NVR	5,982	5,188	3,576	40.22%
Autozone[4]	AZO	2,267	1,840	–	–

註 4：Autozone 股價跌破 C 點後，價格反轉上漲。股價跌幅 =1-(52WL/52WH)

公司名稱	股票代碼	52WH	C 點價格	52WL	股價跌幅
Booking Holdings	BKNG	2,716	2,299	1,617	40.46%
Chipotle Mexican Grill	CMG	1,959	1,709	1,196	38.95%
Mettler-Toledo	MTD	1,616	1,394	928	42.57%

Panel B S&P 500 成交值最高個股

公司名稱	股票代碼	52WH	C 點價格	52WL	股價跌幅
Tesla	TSLA	414	341	102	75.36%
NVIDIA	NVDA	346	282	108	68.79%
Microsoft	MSFT	350	305	213	39.14%
Amazon	AMZN	189	166	81	57.14%
Meta	META	384	326	88	77.08%

　　圖 3.4 到圖 3.8 分別為 NVR、Autozone、Booking Holdings、Chipotle Mexican Grill、Mettler-Toledo 的日 K 線圖，這 5 檔個股屬於 S&P 500 成分股中的最高股價族群。除了圖 3.5 的 Autozone 外，其它的 4 檔個股在 C 點後股價都大幅度的滑落。

　　在這 5 檔個股中，我要特別介紹 Booking Holdings。Booking

Holdings 是全球第一個機票反拍賣（reverse auction）網站，它在美國的商務網站名稱為：priceline.com。priceline.com 也是美國第一家股價超過 1,000 美元的網路股，它在北美外地區的其它 2 個商務網站名稱分別為 agoda.com 和 booking.com。

何謂反拍賣呢？拍賣會因為標的物的稀有性，而在競標活動中，標的物會隨著喊價讓價格逐步攀高；反拍賣則是廠商提供眾多相似的標的物作價格競爭，在競價活動中，標的物的價格會隨著競價而降低。一般而言，適合反拍賣的商品有飛機機位、旅館床位和待租汽車等。

圖 3.4 NVR, Inc.（NVR）股價日線圖

▲ NVR 在 52WH 後出現 52 週期間未曾有的下跌型態和跌幅，即上圖中的 C 點，股價在跌破 C 點後就大幅度的下跌。

圖 3.5 AutoZone（AZO）股價日線圖

▲ AutoZone 在 52WH 後出現 2 個 52 週期間未曾有的下跌型態和跌幅，即上圖中的 C1、C2 點。雖然股價出現 C 點，但股價並沒有因為 C 點的出現而大幅度的下跌，反而繼續往上漲續創新高價。

圖 3.6 Booking Holdings（BKNG）股價日線圖

▲ Booking Holdings 在 52WH2 後出現 52 週期間未曾有的下跌型態和跌幅，即上圖中的 C2 點，股價在跌破 C2 點後就大幅度的下跌。

圖 3.7 Chipotle Mexican Grill（CMG）股價日線圖

▲ CMG 在 52WH 後出現 52 週期間未曾有的下跌型態和跌幅，即上圖中的 C
點，股價在跌破 C 點後就大幅度的下跌。

圖 3.8 Mettler-Toledo（MTD）股價日線圖

▲ MTD 在 52WH 後出現 52 週期間未曾有的下跌型態和跌幅，即上圖中的 C
點，股價在跌破 C 點後就大幅度的下跌。

圖 3.9 到圖 3.13 分別為 Nvidia、Microsoft、Amazon、Meta、Tesla 的日 K 線圖，這 5 檔個股屬於 S&P 500 成分股中的最高交易值族群，也是臺灣投資人耳熟能詳的個股，這 5 檔個股在 C 點後，股價都大幅度的滑落。

　　透過表 3.2 和圖 3.4 到圖 3.13 的說明，我們可以知道當 C 點出現時，我們應當適度的將持股部位減碼。當我們發現股價已經從 52 週高點下滑，且下跌價格型態和跌幅是 52 週期間未曾有的，則當下的價格很有可能就是 C 點（減碼點）。

圖 3.9 Nvidia（NVDA）股價日線圖

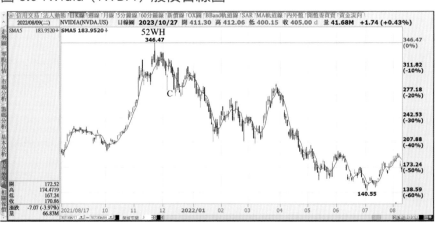

▲ Nvidia 在 52WH 後出現 52 週期間未曾有的下跌型態和跌幅，即上圖中的 C 點，股價在跌破 C 點後就大幅度的下跌。

圖 3.10 Microsoft（MSFT）股價日線圖

▲ Microsoft 在 52WH 後出現 52 週期間未曾有的下跌型態和跌幅，即上圖中的 C 點，股價在跌破 C 點後出現碎步下跌走勢。

圖 3.11 Amazon（AMZN）股價日線圖

▲ Amazon 在 52WH2 後出現 52 週期間未曾有的下跌型態和跌幅，即上圖中的 C2 點，股價在跌破 C2 點後就大幅度的下跌。

圖 3.12 Meta（META）股價日線圖

▲ Meta 在 52WH 後出現 52 週期間未曾有的下跌型態和跌幅，即上圖中的 C 點，股價在跌破 C 點後就大幅度的下跌。

圖 3.13 Tesla（TSLA）股價日線圖

▲ Tesla 在 52WH 後出現 52 週期間未曾有的下跌型態和跌幅，即上圖中的 C 點，股價在跌破 C 點後就大幅度的下跌。

3-4 美股教授 YouTube

掃描以下 QR Code，看更詳細的説明。

本影片詳細介紹股價下跌的真理。並且以 S&P 500 成分股中，股價最高的 4 檔個股來介紹。個股包含 NVR、BKNG、CMG、MTD。

本影片繼續介紹股價下跌的真理。並且以 S&P 500 成分股中，交易最活絡的 5 檔個股來介紹。 個 股 包 含 Tesla、Nvidia、Microsoft、Amazon、Meta。

股價下跌的真理也適用於臺灣。本影片介紹臺灣的個股，在股價跌破 C 點後，大幅度的下跌。介紹個股包含光寶科、廣達、聯發科和技嘉。

PART 3
顏值和 52 週高點投資法

股票和 ETF 投資首重價格曲線顏值，顏值越高，後勢續漲機率
越高，所以本書特別強調顏值投資法。由於指數型 ETF 價格低
點相對可以預測，所以 ETF 的理想投資價位，在股價下跌 30%
後的碎步上漲。個股的價格低點當然是不可測，但也應當投資於
股價大跌後的碎步上漲上。此外，碎步上漲也可以應用於 52 週
高點上，當股價以碎步上漲挑戰 52WH 時，我們可以觀察到股
價有很高的機率會持續上漲。

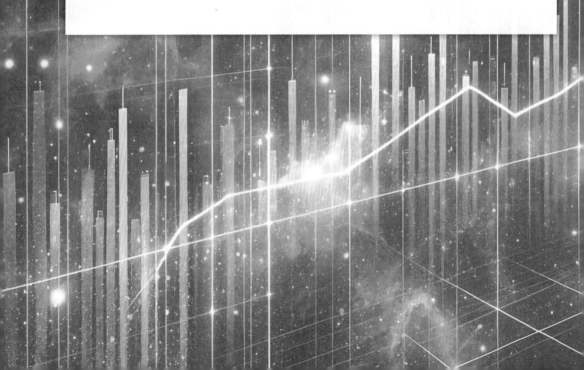

Chapter 4

顏值投資法（I）：理論背景

4-1 投資高顏值有價證券

高顏值就是股價以非常漂亮的價格曲線碎步上漲，存股就是要存高顏值的個股或 ETF，這些高顏值的有價證券，會讓投資朋友越存越富有，晚上睡覺都會偷笑。

依據本書第 2-1 節內容，股價會碎步上漲的原因，就是投資者對公司的好消息反應不足，對公開的好消息猶半信半疑，造成股價緩慢碎步上漲，沒有漲停卻漲不停。

依據本書第 2-5 節內容，動能生命週期假説（momentum life cycle），如果價格要持續數個季度上漲，其價格一般而言會呈現高顏值的上漲曲線。要投資致富其實很簡單，投資高顏值的有價證

券即可。透過美國股市高顏值的個股和 ETF 圖例，讀者將會發現，這些高顏值的個股和 ETF 才應該是投資的好標的，投資者可以安心投資，並且可以藉由存股讓財富持續增加。[5]

為廣泛的介紹 S&P 500 個股，我將依英文字母的 Z → Y → X 股票代碼順序，來介紹高顏值個股。圖 4.1 到圖 4.5 分別為 Exxon Mobil、Xylem、Yum! Brands、Zebra Technologies、Zoetis 等 5 家公司，我們可以發現，除了圖 4.3 的 Yum! Brands 外，其它 4 檔個股都屬於高顏值上漲個股。

圖 4.1 的 Exxon Mobil 股價一年期間約上漲 100%，並且在 2022 年 6 月出現 C 點，雖然 Exxon Mobil 有出現 C 點，但股價沒有下跌反而持續上漲。

圖 4.2 的 Xylem 股價一年期間約上漲 62%，並且在 2021 年 9 月出現 C 點，C 點出現後股價持續下跌。圖 4.3 的 Yum! Brands 股價一年期間約上漲 45%。圖 4.4 的 Zebra Technologies 股價一年期間約上漲 141%。圖 4.5 的 Zoetis 股價一年期間約上漲 77%，並且在 2022 年 1 月出現 C 點，C 點出現後股價持續下跌。

註 5：美股的存股交易建議使用永豐金證券的豐存股。

圖 4.1 Exxon Mobil（XOM）股價日線圖

▲ Exxon Mobil 股價呈現高顏值上漲型態，股價在 2022 年 6 月雖然有出現 C 點，但後續股價卻沒有下跌，反而持續走高續創新高價。

圖 4.2 Xylem（XYL）股價日線圖

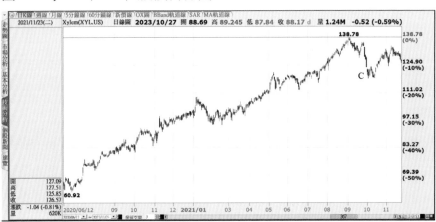

▲ Xylem 股價呈現高顏值上漲型態，股價在 2021 年 9 月出現 C 點，股價在跌破 C 點後就大幅度的下跌。

圖 4.3 Yum! Brands（YUM）股價日線圖

▲ Yum! Brands 股價呈現碎步和 N 型態交錯上漲，股價經過一年的上漲後，上漲動能依舊存在。

圖 4.4 Zebra Technologies（ZBRA）股價日線圖

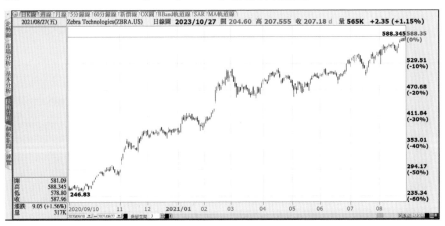

▲ Zebra Technologies 股價呈現高顏值上漲型態，股價在一年的碎步上漲後，上漲動能依舊存在。

圖 4.5 Zoetis（ZTS）股價日線圖

▲ Zoetis 股價呈現高顏值上漲型態，股價在 2022 年 1 月出現 C 點，在跌破 C 點後就大幅度的下跌。

　　除了股價會碎步上漲外，指數型 ETF 也會呈現高顏值的碎步上漲，並且上漲數個季度。

　　例如圖 4.6 到圖 4.8 分別為 S&P 500 ETF（SPY）、Nasdaq 100 ETF（QQQ）、Russell 2000 ETF（IWM）。 圖 4.6 的 SPY 為 S&P 500 指數 ETF；圖 4.7 的 QQQ 為 Nasdaq 100 指數 ETF；圖 4.8 的 IWM 為 Russell 2000 指數 ETF。[6]

註 6：Russell 2000 指數為美國小型股的重要指數。

圖 4.6 SPDR S&P 500（SPY）價格日線圖

▲ SPY 價格呈現高顏值上漲型態，在 12 個月的碎步上漲期間股價驚驚漲，價格越墊越高。

圖 4.7 Invesco QQQ（QQQ）價格日線圖

▲ QQQ 價格呈現高顏值上漲型態，在 12 個月的碎步上漲期間股價驚驚漲，價格越墊越高。

圖 4.8 iShare Russell 2000（IWM）價格日線圖

▲ IWM 價格呈現高顏值上漲型態。在 12 個月的碎步上漲期間，股價驚驚漲，
價格越墊越高。

　　圖 4.9 為 歐 洲 Stoxx 50 ETF（FEZ）[7]、 圖 4.10 為 日 本 ETF
（EWJ）。圖 4.11 的 EEM 為新興市場指數 ETF。讀者可以觀察到
這些指數型 ETF 都有很高的顏值，並且上漲數個季度。

註 7：EURO STOXX 50 是德意志交易所集團(Deutsche Börse Group)，旗下
　　　指數提供商 STOXX 設計的歐元區股票指數，該指數由來自歐元區 11
　　　個國家的 50 隻股票組成。EURO STOXX 50 被視為歐元區各領域領導
　　　公司，它由歐元區 50 支最大和流動性最高的股票組成。

圖 4.9 SPDR EURO STOXX 50（FEZ）價格日線圖

▲ FEZ 價格在 2022 年 10 月開始呈現高顏值上漲型態，在 8 個月的碎步上漲
　期間，股價驚驚漲，價格越墊越高。

圖 4.10 MSCI Japan ETF（EWJ）價格日線圖

▲ EWJ 價格在 2022 年 10 月開始呈現，碎步和 N 型態交錯上漲。在 8 個月的
　碎步上漲期間，股價驚驚漲，價格越墊越高。

圖 4.11 iShare MSCI Emerging Markets（EEM）價格日線圖

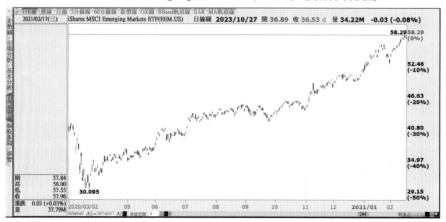

▲ EEM 價格呈現高顏值上漲型態，在 12 個月的碎步上漲期間，股價驚驚漲，價格越墊越高。

　　除了指數型 ETF 會碎步上漲外，能源型 ETF、利率型 ETF 和股票型 ETF 也都會碎步上漲，且上漲數個季度。它們的共同特色就是都有很高的顏值，所以才能夠漲繼續漲且上漲數個季度。圖 4.12 到圖 4.14 分別為女股神 Cathie Wood 的方舟 ETF（ARKF）、能源 ETF（DBE）和利率型 ETF（PDBC）。

圖 4.12 ARK Fintech Innovation（ARKF）價格日線圖

▲女股神 Cathie Wood 的方舟 ETF，ARKF 價格呈現高顏值上漲型態。在 12 個月的碎步上漲期間，股價驚驚漲，價格越墊越高。

圖 4.13 Invesco DB Energy（DBE）價格日線圖

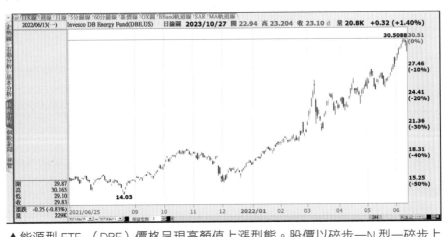

▲能源型 ETF（DBE）價格呈現高顏值上漲型態。股價以碎步─N 型─碎步上漲，股價驚驚漲，價格越墊越高。

圖 4.14 Invesco Optimum Yield（PDBC）價格日線圖

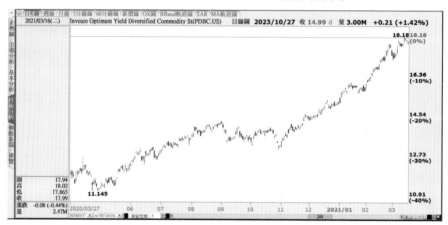

▲ 利率型 ETF （PDBC）價格呈現高顏值上漲型態，在 12 個月的碎步上漲期間，股價驚驚漲，價格越墊越高。

　　透過圖 4.1 到圖 4.14 的股價和 ETF 圖例，讀者當可以了解，要透過存股致富時，存股的標的物，其價格走勢必須要具有高顏值，因為只有高顏值的有價證券，才能夠漲繼續漲數個季度。

　　而要觀察到高顏值的有價證券有兩個方法，其一就是用眼睛看，找出顏值很高且在碎步上漲的有價證券；其二就是在 7trade 的官網，www.7trade.com.tw 點擊碎步型態圖，如果有高顏值的個股，它們就會出現在存股欄位。

4-2 解析碎步上漲原因

股價為何會「**漲會繼續漲、跌會繼續跌**」？依據學術研究其原因為投資人對公開資訊反應不足，以下我將針對這原因詳細說明。

由於投資人對公開資訊反應不足，所以會造成投資人進場買入股票時間點不同，由於進場買股時間點不同，所以股價會形成一種碎步上漲走勢。碎步上漲型態就是一種會繼續漲的基本型態，也就是我們時常聽到的「沒有漲停卻漲不停」，或「股價驚驚漲」，這些都是指股價在碎步上漲。讀者或許會搞不清楚，為何「對公開資訊反應不足，會造成碎步上漲」？且讓我舉一例來說明之。

L 同學歷年來的數學考試平均分數在 60 分上下，但最近一次的數學考試，L 同學考了 85 分。一般而言，他的數學老師並不會相信 L 的好成績，是因為 L 數學程度提升而考得好；相反的，老師會認為 L 之所以能考到 85 分，是因為考運好的因素。

也就是說，數學老師會認為 L 只是一時考得好，這只是短期的表現好。當 L 第二次再考 85 分時，老師還是會半信半疑的認為，L 的好成績只是短暫的，直到 L 持續性的好成績後，數學老師終於了解，L 的好成績是因為他的數學能力提升，導致成績提升。

在上方的例子中，我們可以清楚地發現，數學老師對 L 的好

成績是反應不足。我們只要把數學老師改成投資者，L 同學改成公司，數學成績改成財務報表，我們就會清楚知道，投資人對公司的業績好轉其實是半信半疑的（反應不足）。所以第一時間確認公司業績好轉的投資人會率先跳入買股，之後確認公司業績好轉的投資人，會後續地進場買股（反應不足），股價就會因不同的投資者在不同的時間點買股，形成碎步上漲型態，因而漲繼續漲。

相同的，股價碎步下跌也是一種會繼續跌的基本型態，它也是投資者對資訊反應不足造成的。延續上方的例子，H 同學歷年來的數學考試平均分數在 85 分上下，但最近一次的數學考試，H 同學考了 60 分。一般而言，他的數學老師並不會相信 H 的成績不佳，是因為 H 數學程度降低而考得不好；相反的，老師會認為 H 之所以會考 60 分，是因為考運不佳的因素。

也就是說，數學老師會認為 H 只是一時考不好，這只是短期的表現不好。當 H 第二次再考 60 分時，老師還是會半信半疑的認為，H 的成績不佳只是短暫的。直到 H 持續性的成績不佳後，數學老師終於了解，H 是因為他的數學能力降低導致成績不佳。

在上方的例子中我們可以清楚地發現，數學老師對 H 的成績滑落是反應不足。套用一下 L 例的腳色轉換，我們會發現，第一時間確認公司業績轉差的投資人會率先出脫持股，之後確認公司業績滑落的投資人，會後續拋售持股（反應不足），股價就會因不同的

投資者在不同的時間點賣股，形成碎步下跌型態，因而跌繼續跌。

4-3 長期上漲必伴隨低週轉率

　　Lee & Swaminathan 在 2000 年提出動能生命週期（MLC），動能生命週期將股價區分動能初期（漲會繼續漲、跌會繼續跌）和動能末期（價格反轉）。

　　動能初期為：投資組合前期報酬為正且低週轉率（漲會繼續漲），或投資組合前期報酬為負且高週轉率（跌會繼續跌）。動能末期為：投資組合前期報酬為正且高週轉率，或投資組合前期報酬為負且低週轉率。透過 MLC 假說，我們知道價格要長期持續上漲，必須要搭配低的成交量或低週轉率。

　　找出「**上漲動能初期**」和「**下跌動能初期**」的有價證券，為動能生命週期假說的兩個重要應用。依據 MLC 假說，上漲動能初期為前季個股報酬為正且交易週轉率低，依據美國股市的實證數據顯示，股價還會繼續上漲 8 個季度。這個上漲動能初期的論點，就是存股的理論依據，所以要存股的投資朋友，就是要找出以低交易量週轉率上漲的個股。

更精確的説法為，存股就是要找出高顏值的個股並且長期持有。本書第 4-1 節所列舉的 14 張圖例，全部屬於高顏值的有價證券，它們通常可以續漲數個季度。

　　結合投資者對資訊反應不足和動能生命週期假説，我們可以預期高顏值的個股會相對應到低週轉率上，且可以上漲數個季度。當股價以碎步上漲數個季度時，它必然會呈現高顏值的價格曲線；而股價要上漲數個季度，在動能生命週期假説下，必然為低週轉率。所以高顏值個股必然是以低週轉率上漲，而非我們時常聽到的有量才有價。由於高顏值個股以低週轉率上漲，依據動能生命週期假説，它必然是價格起漲點。

　　所以投資朋友只要找出高顏值的個股投資，就可以享受股價漲不停的幸福感，這種幸福感足以讓投資人每天含笑入睡。股票投資首重顏值，用眼睛觀察即可。這是符合理論和實務的投資策略，然而投資朋友受到太多錯誤資訊的轟炸，不知道投資獲利只需要用眼睛觀察即可。

　　投資者花費無數時間在效益不大的課程學習上，浪費時間也浪費金錢，並且因為學習了錯誤的投資知識，導致投資績效不佳。筆者身為大學教授，希望透過本書的説明，可以傳遞正確的投資知識給投資朋友，導正投資人錯誤的投資觀念，讓投資變成眼球運動，且可以長期實質獲利。

4-4 美股教授 YouTube

掃描以下 QR Code，看更詳細的說明。

本影片介紹 S&P 500 成分股中碎步上漲的個股，介紹的個股包含 ACGL、AIZ、AOS、CBOE、CNC、VRSN 等個股。

本影片介紹 S&P 500 成分股中的金融股。很多的金融股正在碎步上漲，也正在挑戰 52 週高點，是未來極具有上漲潛力的類股。

本影片介紹正在碎步上漲的 4 檔 ETF，特別要介紹保險類股 ETF（KIE）。在債券下跌之際，保險類股的股價還在碎步上漲，未來持續上漲的機率高。

Chapter 5

顏值投資法（II）：撈底顏值投資法

　　撈底投資策略（bottom fishing investment strategy）指在股市、
債市等市場中，選擇已經下跌到相對低點的股票或債券進行投資，
期望在市場反彈時獲得較高的報酬。這種投資策略通常具有較高的
風險，需要投資者具有較高的投資知識和技能。撈底投資策略的風
險在於，投資人不清楚股價跌會繼續跌，冒然的搶進正在下跌的有
價證券，或將導致重大投資虧損。

　　撈底投資策略的高報酬，則來自於**向平均數靠攏**（mean
reversion）的概念。一般而言，有價證券的價格和報酬有回到平均
數的特性。向平均數靠攏是一個財務名詞，它認為資產價格和報酬
會隨時間逐漸回歸到其長期平均水平。

　　換句話說，當一個資產經歷過一段高於平均水準的報酬後，其

後續報酬很可能會是低於平均水準的報酬，如此整體的報酬將回歸到其長期平均水平。同樣地，當一個資產經歷過一段低於平均水準的報酬後，其後續報酬很可能會是高於平均水準的報酬。向平均數靠攏係基於不完美效率市場，認為有機會從資產價格暫時偏離其長期平均值的機會中獲利。

5-1 撈底後股價持續上漲

　　撈底投資策略就是價值投資，即投資人觀察到有價證券價格大跌，覺得物超所值，因而進場買入。然而投資人因不清楚股價跌會繼續跌，冒然的搶進正在下跌的有價證券，或將導致重大投資虧損。透過顏值投資法，我們可以大幅度的提高撈底投資的勝率。

　　股價的高顏值走勢融合了：①投資者對公司利多消息反應不足；②股價以低週轉率上漲。所以當股價大跌後再出現高顏值走勢時，它通常就是股價的起漲點。以下我列出 S&P 500 的觀光休閒股來證明高顏值走勢出現時，就平均數而言，就是股價的起漲點。

　　圖 5.1 為 Las Vegas Sands 股價在 2022 年 11 月出現高顏值碎步上漲，股價大跌後的碎步上漲，通常可以視為股價上漲初期，特別是大型權值股有更高的上漲機率。圖 5.2 為 MGM Resorts 股價在

2022 年 7-8 月出現高顏值價格走勢，再一段 N 型上漲。又在 2023 年 1 月出現碎步上漲走勢，之後股價就持續漲繼續漲。圖 5.3 為 Royal Caribbean Group 股價在 2022 年 10 月出現高顏值價格走勢後，就見回不回的持續漲繼續漲。

圖 5.4 為 Wynn Resorts 股價在 2022 年 7 月出現高顏值價格走勢後，股價又在 2022 年 11 月出現碎步上漲走勢，股價見回不回的漲了 113%。圖 5.5 為 BKNG 股價從 2022 年 2 月下跌 40% 後，BKNG 股價從 2022 年 2 月下跌 40% 後，分別在 2022 年 7 月、10 月出現高顏值價格走勢。股價在 10 月後碎步上漲，整個波段漲幅超過 100%。

圖 5.1 Las Vegas Sands Corp.（LVS）價格日線圖

▲ Las Vegas Sands 股價從 2021 年 3 月下跌 55% 後，在 2022 年 11 月出現高顏值價格走勢。

圖 5.2 MGM Resorts（MGM）價格日線圖

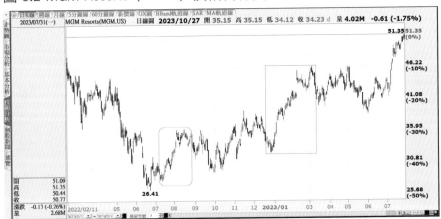

▲ MGM Resorts 股價從 2021 年 11 月下跌 46% 後，先出現碎步上漲再 N 型態上漲；再出現碎步上漲和 N 型態上漲。

圖 5.3 Royal Caribbean Group（RCL）價格日線圖

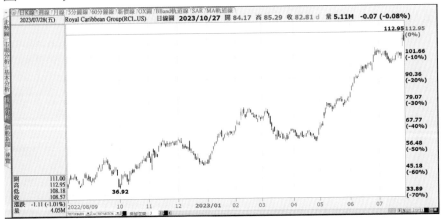

▲ Royal Caribbean Group 股價從 2021 年 11 月下跌 68% 後，在 2022 年 10 出現高顏值價格走勢，之後就持續以碎步型態上漲。

圖 5.4 Wynn Resorts（WYNN）價格日線圖

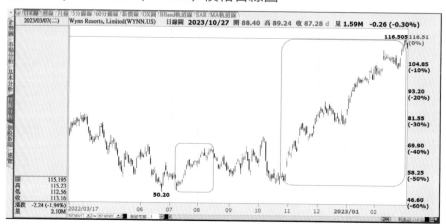

▲ WYNN 股價從 2021 年 3 月下跌 66% 後，在 2022 年 7 月出現高顏值價格
走勢。在同年 11 月後再度出現碎步上漲，股價見回不回的漲了 113%。

圖 5.5 Booking Holdings（BKNG）價格日線圖

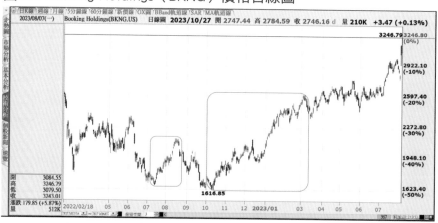

▲ BKNG 股價從 2022 年 2 月下跌 40% 後，分別在 2022 年 7 月、10 月出現
高顏值價格走勢。股價在 10 月後上漲，整個波段漲幅超過 100%。

5-2 美股教授 YouTube

掃描以下 QR Code，看更詳細的說明。

本影片介紹從底部區碎步上漲的 S&P 500 成分股，涵蓋 Ford Motor、Invesco、News、Tapestry 等個股，這些低價大型權值股，正從底部區碎步上漲。

本影片介紹從底部區碎步上漲的中型個股，涵蓋 Ericsson、Deutsche Bank、Sallie Mae 等個股，這些低價股正從底部區碎步上漲。

本影片介紹從底部區碎步上漲的 ETF。我們介紹了歐洲區的 Stoxx 50 ETF，最具有上漲潛力的印度 MSCI India ETF、債券型和房地產型 ETF。

Chapter **6**
52 週高點投資法

6-1 碎步上漲穿越前 52 週高點

52 週股價高點（52-week high, 52WH）為 George & Hwang 兩人在 2004 年發表於財務學頂尖期刊《Journal of Finance》上的一篇實證論文。該論文發現股價靠近 52WH 的個股，其後續的上漲動能強勁。

雖然學術研究發現 52WH 是一個關鍵動能點，但投資人普遍不知道這個關鍵動能點。在實際投資上，當股價以碎步上漲型態穿過 52WH 後，通常會有一大波段漲幅，投資人宜掌握住這關鍵動能點。

為何股價躍過 52WH 後，還會持續上漲呢？其上漲原因通常

有二:其一、多頭市場的特性為漲會繼續漲,而且會創下新高價;其二、公司有殺手級新產品推出或導入新的技術,讓公司營運更上一層樓。以上這兩點原因,都會導致股價躍過前 52WH 後再續創新高價。

　　以下我將透過股價 K 線圖來說明,當股價以碎步上漲型態躍過前 52WH 後,通常都會再持續上漲一個波段。圖 6.1 到圖 6.10,分別為 AMD、Broadcom、Salesforce、Dynatrace、Flex、HubSpot、Lam Research、Rambus、Super Micro Computer、Spotify 等 10 檔個股,股價以碎步上漲突破前 52WH 後再持續上漲。

圖 6.1 Advanced Micro Devices(AMD)價格日線圖

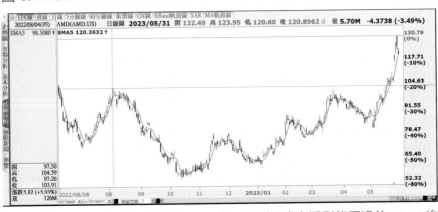

▲十字線為 52WH 價格。股價在 2023 年 5 月以碎步上漲型態躍過前 52WH 後再持續上漲。

圖 6.2 Broadcom（AVGO）價格日線圖

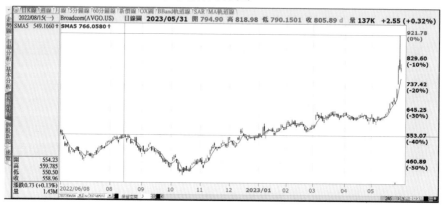

▲十字線為 52WH 價格。股價在 2022 年 12 月以碎步上漲型態躍過前 52WH 後再持續上漲。

圖 6.3 Salesforce（CRM）價格日線圖

▲十字線為 52WH 價格。股價在 2023 年 3 月以碎步上漲型態躍過前 52WH 後再持續上漲。

圖 6.4 Dynatrace（DT）價格日線圖

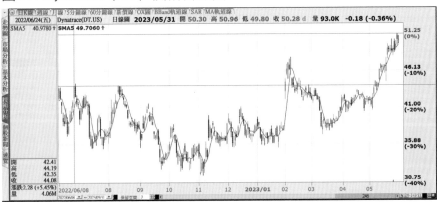

▲十字線為 52WH 價格。股價在 2023 年 5 月以碎步上漲型態躍過前 52WH 後再持續上漲。

圖 6.5 Flex（FLEX）價格日線圖

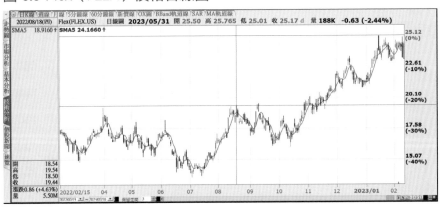

▲十字線為 52WH 價格。股價在 2022 年 11 月以碎步上漲型態躍過前 52WH 後再持續上漲。

圖 6.6 HubSpot（HUBS）價格日線圖

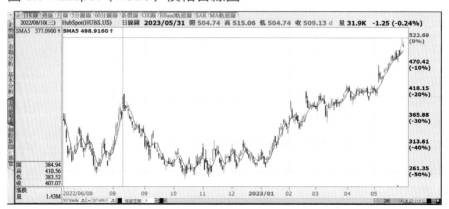

▲十字線為 52WH 價格。股價在 2023 年 3 月以碎步上漲型態躍過前 52WH 後再持續上漲。

圖 6.7 Lam Research（LRCX）價格日線圖

▲十字線為 52WH 價格。股價在 2023 年 5 月以碎步上漲型態躍過前 52WH 後再持續上漲。

圖 6.8 Rambus（RMBS）**價格日線圖**

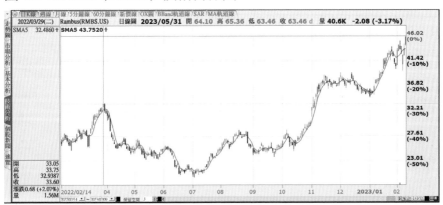

▲十字線為 52WH 價格。股價在 2022 年 11 月以碎步上漲型態躍過前 52WH 後再持續上漲。

圖 6.9 Super Micro Computer（SMCI）**價格日線圖**

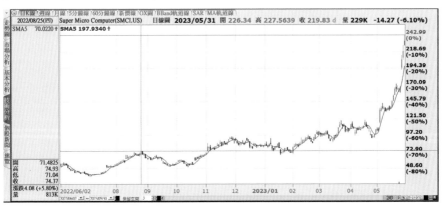

▲十字線為 52WH 價格。股價在 2022 年 11 月以碎步上漲型態躍過前 52WH 後再持續上漲。

圖 6.10 Spotify（SPOT）價格日線圖

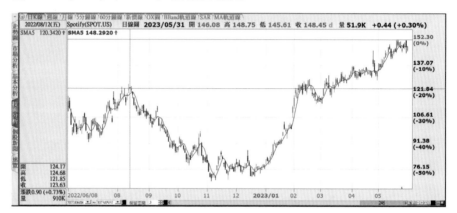

▲十字線為 52WH 價格。股價在 2023 年 2 月以碎步上漲型態躍過前 52WH 後
　再持續上漲。

6-2 美股教授 YouTube

掃描以下 QR Code，看更詳細的説明。

本影片介紹碎步上漲，創下新 52 週高點的 S&P 500 成分股，涵蓋 Microsoft、Service Now、Republic Services 等個股。這些大型權值股正在漲繼續漲，持續刷新 52 週新高價。

本影片介紹碎步上漲，創下新 52 週高點的個股，涵蓋羅技科技、法拉利和 SAP 等個股。羅技科技以製造滑鼠等電腦相關零配件聞名，法拉利是舉世聞名的超級跑車製造商，SAP 則是全球 ERP 領導廠商。

本影片介紹碎步上漲，挑戰 52 週高點的 ETF，涵蓋 AMLP、FTCS、HDV、KIE。其中 KIE 為保險類股票 ETF，是未來最具有漲相的 ETF。

Chapter 7
ETF 顏值投資法

7-1 ETF 顏值投資法

Exchange Trade Fund（ETF）是交易所交易基金的縮寫，即在交易所交易的投資基金。ETF 的設計目的是追蹤特定指數、行業、商品或資產類別的表現，它們讓投資者能夠在不需分別購買個別證券的情況下，而獲得多樣化資產組合。

ETF 是開放式投資基金，意味著它們可以根據投資者需求發行和贖回股份。它們通常以被動管理方式運作，旨在複製所追蹤的標的指數（underlying index）或資產類別的表現。然而也有主動管理的 ETF，由專業基金經理進行主動管理。

ETF 因其低成本、稅務效率和靈活性而受到投資者的歡迎，它

們提供投資者能夠在交易日時段以市場價格買賣股份的便利,不同於傳統的共同基金在交易日結束後定價。

總體而言,ETF 作為一種投資工具,在投資者中廣受歡迎,提供了多元化、流動性和交易便利性的投資選擇,涵蓋了各種資產類別。

臺灣投資人對 ETF 並不陌生,然而在本土偏誤(local bias)的驅使下[8],臺灣投資人對美國的 ETF 並不熟悉,本書的最主要功能,就是讓臺灣投資人熟悉美國股市,搭起臺灣投資人前往美國股市投資的橋梁。

以下是美國最受歡迎的 10 檔 ETF,它們分別為 SPY、QQQ、IWM、VTI、EFA、EEM、XLF、XLV、XLY 和 XLK。這些 ETF 分別代表了不同的資產類別,包括大型股票、科技股、金融股、醫療保健股等。ETF 的投資首重顏值,股價顏值越高越有投資價值,例如圖 7.1 的 EFA 在 2022 年 10 月的碎步上漲走勢;圖 7.2 的 XLK 在 2022 年 10 月的碎步上漲走勢。一般股價指數型的 ETF 投資法則

註 8:本土偏誤(local bias)是指投資者偏好投資於自己熟悉或國家的資產(例如臺灣股市),而不是進行全球化的分散投資。投資者通常對自己的國家或地區有所偏好,原因包括熟悉性、舒適感和認為本土投資風險較低。這種偏見可能會導致全球投資的分配不足,限制了分散投資的好處。

為當股價下跌 30% 附近時，買在碎步上漲當下即可，例如 SPY、QQQ 等。[9]

表 7.1 美國前 10 大熱門 ETF

排名	ETF 名稱（代碼）
1	SPDR S&P 500 ETF Trust（SPY）
2	Invesco QQQ Trust（QQQ）
3	iShares Russell 2000 ETF（IWM）
4	Vanguard Total Stock Market ETF（VTI）
5	iShares MSCI EAFE ETF（EFA）[10]
6	iShares MSCI Emerging Markets ETF（EEM）
7	Financial Select Sector SPDR Fund（XLF）
8	Health Care Select Sector SPDR Fund（XLV）
9	Consumer Discretionary Select Sector SPDR Fund(XLY)[11]
10	Technology Select Sector SPDR Fund（XLK）

註 9：SPY 和 QQQ 請參見圖 4.6 和圖 4.7。

註 10：iShares MSCI EAFE ETF 是一個廣泛投資於已開發國家的指數型交易基金。該基金旨在追蹤 MSCI EAFE 指數，EAFE 的 E 代表歐洲、A 代表澳洲、Far East 代表亞洲和大洋洲地區的股票市場。

註 11：追蹤 Consumer Discretionary Select Sector 指數的 ETF，該 ETF 將 95%以上的資產投資在該指數的成分股上，涵蓋了汽車零件、耐用性消費品、服裝、旅館、餐館、娛樂、媒體和零售相關的公司。

圖 7.1 MSCI EAFE ETF 價格日線圖

▲ EFA 股價在 2022 年 10 月下跌 30% 後，隨即出現碎步上漲型態。

圖 7.2 Technology Select Sector SPDR Fund 價格日線圖

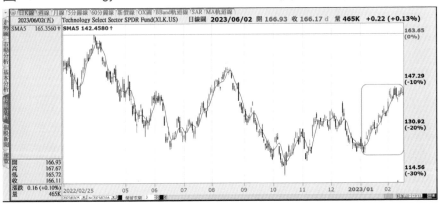

▲ XLK 股價在 2022 年 10 月下跌 30% 後，在 2023 年 1 月開始出現碎步上漲型態。

為何美股指數型的 ETF 買在股價下跌 30% 後的碎步上漲呢？這是因為美國大盤指數很少下跌超過 30%，例如 SPY 自 1993 年 1 月上市後到 2023 年的 30 年期間，也只有 3 次下跌超過 30%，這 3 個大跌事件的時間點和下跌原因分別如下：

1. 2000 年 3 月 24 日至 2002 年 10 月 10 日：在網路股價格泡沫破裂後和 2001 年 9 月 11 日恐怖攻擊事件後，SPY 經歷了 49% 幅度的下跌。

2. 2007 年 10 月 9 日至 2009 年 3 月 9 日：美國發生次貸金融風暴，[12] 導致 SPY 大幅下跌 55%。

3. 2020 年 2 月 19 日至 2020 年 3 月 23 日：COVID-19 疫情爆發後，導致全球股市暴跌，SPY 也出現了 34% 的跌幅。

我們將 SPY 和 QQQ 的下跌時間和下跌幅度整理在表 7.2。表 7.2 為美國股市三次大跌時間和幅度，由表 7.2 中我們可以觀察到在 2000 年 3 月的網路股泡沫風暴中，QQQ 下跌幅度高達 83.82%，遠高於 SPY 的下跌幅度；而其他兩次的大跌則 SPY 和 QQQ 下跌幅度相當。

透過歷史事件回顧，我們發現當 SPY 或 QQQ 下跌幅度超過 30% 後，我們可以大膽地買在股價碎步上漲時，享受豐厚的報酬。

註 12：詳見附錄二。

表 7.2 美國股市三次大跌時間和幅度

	第一次大跌	第二次大跌	第三次大跌
SPY	2000/3：-49.15%	2007/10：-55.23%	2020/2：-34.38%
QQQ	2000/3：-83.82%	2007/10：-51.23%	2021/11：-35.83%

　　歐元區 ETF 的投資策略也是買在股價下跌 30% 附近時的碎步上漲。例如圖 7.3 的 MSCI Eurozone ETF（EZU）、圖 7.4 的 Core MSCI Europe ETF（EUR）、圖 7.5 的 FTSE Europe ETF（VGK）。圖 7.3 的 EZU 在 2022 年 7 月和 10 月都下跌超過 30% 並且隨後碎步上漲，所以在 A 或 B 區塊的價位買入都是可以的。圖 7.4 的 EUR 和圖 7.5 的 VGK 在 2022 年 10 月下跌超過 30% 後隨即碎步上漲，投資買點浮現。

圖 7.3 MSCI Eurozone ETF 價格日線圖

▲ EZU 股價分別在 2022 年 7 月和 10 月下跌 30%，並分別在 2022 年 7 月和 11 月出現碎步上漲型態。

圖 7.4 Core MSCI Europe ETF 價格日線圖

▲ IEUR 股價在 2022 年 10 月下跌 30% 後，隨即出現碎步上漲型態。

圖 7.5 Vanguard FTSE Europe ETF 價格日線圖

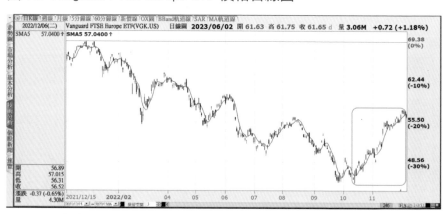

▲ VGK 股價在 2022 年 10 月下跌 30% 後，隨即出現碎步上漲型態。

7-2 美股教授 YouTube

掃描以下 QR Code，看更詳細的說明。

本影片介紹歐洲 Stoxx 50（FEZ），FEZ 正在挑戰 52 週高點。印度 MSCI India ETF（INDA）正持續創下新 52 週高點。債券型 ETF 價格正從底部區上漲。房地產型 ETF 正在挑戰前 52 週高點。

本影片介紹半導體 iShare Semiconductor ETF（SOXX），和科技股 IT ETF（VGT）正創下新 52 週高點。S&P 500 ETF（SPY）和 NASDAQ ETF（QQQ）正創下新 52 週高點。

存股致富，存到漲不停的股票。介紹 2023 年 12 月 6 日達到存股標準的 S&P 500 個股。Agilent（A）、Boeing（BA）、Prudential（PRU）等個股正在碎步上漲。

PART 4
美股投資實務
（顏值投資法）

Emma：什麼是價格動能？什麼是動能投資策略？

Sam：動能就是漲會繼續漲、跌會繼續跌。動能投資策略就是追高殺低的交易策略，和價值投資策略剛好相反。

Emma：有什麼簡單的投資策略，適合類似我們的股市小資族？

Sam：有，我們開發了顏值投資法。這投資法很簡單，就是 S&P 500 成分股買在股價的碎步上漲，第一筆投資後，每個星期三再持續加碼買入，持續再投資 52 週。第一筆投資額通常介於一年投資總額的 20-30%，如此投資人當可輕易地獲得高額報酬。

Emma：股票投資竟然如此的簡單！那為何要連續投資一年呢？

Sam：因為動能就是漲會繼續漲，而且多頭市場至少會持續一年以上，所以要持續加碼投資一年。

Emma：原來如此！我懂了。

Chapter 8

戰勝大盤的顏值投資法

　　投資應該是一件輕鬆愉快的事情，基本上就是買在股價的碎步上漲上，在第一筆投資後，延續一年，每個禮拜都加碼買入（52 週）。

　　第一筆投資額通常介於一年投資總額的 20-30%，若每個星期三都買 1 張股票，則一年可以買 52 張股票，而 52 張股票的 20-30% 為 10-15 張，所以第一筆投資應該是 10-15 張股票。[13]

　　這應該是最無腦也最輕鬆愉快的投資獲利策略了，當執行此策略後，投資人當有高機率賺贏 S&P 500 指數報酬率。

註 13：美國股市最小的交易單位為一股，所以每星期加碼一次是可行的。例如第一次投資 10-20 股，之後每星期都加碼 1-2 股，並且持續 52 週。

8-1 顏值定期定額投資法

以 S&P 500 成分股 NetApp 為例，NTAP 在 2022 年 7 月到 2023 年 5 月期間反覆打底，並且出現了 4 次的碎步上漲。其實股價大跌後的碎步上漲，買在 A、B、C、D 區都可以有不錯的實質獲利。

我們假設小資族買在 A、B、C、D 任一區塊的碎步上漲，且投資策略都是第一筆買入 10 張股票，之後的 52 週內每星期再持續加碼買入 1 張股票，到 2023 年 6 月 7 日。我們透過 7trade 的定期定額績效計算器，分別計算 A、B、C、D 四區中的獲利金額，我將計算結果置放於表 8.1。

圖 8.1 NetApp（NTAP）價格日線圖

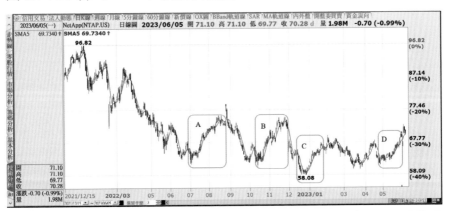

▲ NTAP 在 2022 年 7 月到 2023 年 5 月期間反覆打底，並且出現了 4 次的碎步上漲。

由表 8.1 中可以發現，投資報酬率以 C 區最高，達到 8.21%。但獲利金額卻是 A 區的投資最高、B 區的投資次高，C 區的投資第三，D 區最低。由此可見，股票投資要得到獲利的最大值，根本不需要買在股價最低價位，反而是碎步出現時持續投資一年。

對 S&P 500 權值股而言，通常買在股價大跌後的碎步上漲，並且繼續投資一年，可以獲得極高報酬。不需要買在最低點，即使買在最低點，也不能保證可以獲得最高的金額報酬。

表 8.1 NetApp 分時投資報酬一覽表

	投資起始日	投資張數	投資報酬率	年化投報率	獲利金額（元）
A	2022.08.01	44	6.37%	7.64%	186,919
B	2022.11.01	34	7.28%	12.24%	163,815
C	2023.01.23	25	8.21%	21.77%	134,595
D	2023.05.22	11	5.83%	122.47%	43,020

顏值投資法就是非常的簡單無腦且高報酬，我們再透過 AMD 的股價 K 線圖檢驗一次。同上，我們假設小資族買在 A、B、C、D 任一區塊的碎步上漲，且投資策略都是第一筆買入 10 張股票，之後的 52 週內每星期再持續加碼買入 1 張股票，到 2023 年 6 月 7 日。

圖 8.2 AMD（AMD）價格日線圖

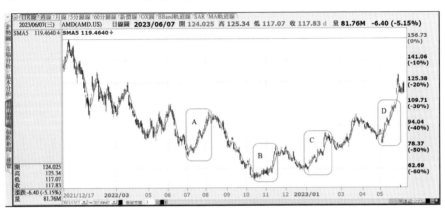

▲ AMD 在 2022 年 7 月到 2023 年 5 月期間反覆打底，並且出現了 4 次的碎步上漲。

　　由表 8.2 中，我們可以發現投資報酬率以 B 區最高，達到 41.56%，但獲利金額卻是 A 區的投資最高、B 區的投資次高，C 區的投資第三，D 區最低。

　　再次印證股票投資要得到獲利的最大值，不需要買在股價最低價位。要獲取高額報酬反而是碎步出現時，就可以投資並且持續加碼一年，我們可以透過 AMD 的顏值投資法再度驗證。

　　為何需要持續投資一年來取得高報酬呢？這是因為多頭市場的特性就是漲會繼續漲，且會漲超過一年，所以當 S&P 500 成分股的股價出現高顏值上漲時，就平均數而言，可以持續投資一年來獲取高額報酬。

表 8.2 AMD 分時投資報酬一覽表

	投資起始日	投資張數	投資報酬率	年化投報率	獲利金額（元）
A	2022.08.01	45	39.73%	46.56%	1,507,550
B	2022.11.15	33	41.56%	74.80%	1,141,530
C	2023.02.01	24	31.07%	88.96%	670,290
D	2023.05.18	12	6.27%	112.82%	83,400

8-2 投資組合定期定額投資績效

　　臺灣投資人受限於國別因素，對美股只熟悉一些著名的個股，例如 Intel、Microsoft、AMD、Tesla、Nvidia、Netflix、Meta、Google 等等，但 S&P 500 成分股還有很多臺灣人不熟悉的好股票，例如研發減肥藥的 Eli Lilly（LLY）和 Novo Nordisk（NVO）兩個藥廠，其漲幅並不會低於其它當紅產業的個股，例如 AI 產業股。

　　圖 8.3 和圖 8.4 分別為 Eli Lilly（LLY）和 Novo Nordisk（NVO）的 K 線圖，由圖 8.3 和圖 8.4 我們可以觀察到，這兩檔個股的股價都以碎步上漲型態漲超過 90%，其漲幅一點都不輸給其它的當紅類股。

圖 8.3 Eli Lilly（LLY）價格日線圖

▲ LLY 在 2022 年 1 月到 2023 年 8 月期間出現了 3 次的碎步上漲，漲幅高達 123.44%。

圖 8.4 Novo Nordisk（NVO）價格日線圖

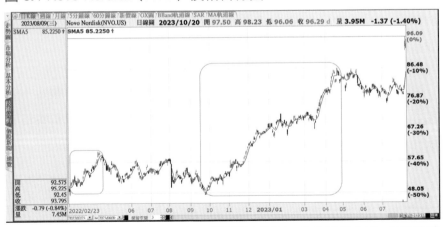

▲ NVO 在 2022 年 2 月到 2023 年 8 月期間出現了 2 次的碎步上漲，漲幅高達 94.14%。

讀者現在已經知道 S&P 500 成分股要買在碎步上漲，且持續加碼一年。由於讀者有可能投資多檔美股，形成一個投資組合，而投資組合最重要的事情之一，就是了解其報酬率。

　　為了讓讀者清楚知道其投資組合的報酬率，7trade 網頁的綜合查詢，提供一個定期定額投資績效計算器，透過績效計算器，投資者就可以知道透過顏值投資法，我們可以創造出高額報酬。

　　一般而言，投資績效的高低要和標竿指數做一比較，就美股而言，標竿指數通常是 S&P 500 指數。若投資組合的績效高於 S&P 500 指數報酬，則我們可以認為投資績效良好。

　　就圖 8.5 的定期定額投資績效曲線圖中，橘色曲線為 4 檔個股的投資金額，藍色曲線為 4 檔個股投資組合的市值，紅色曲線為對等的金額投資於 S&P 500 ETF SPY 的市值。

　　由於藍色曲線遠高於紅色曲線，所以這個投資組合的績效，遠高於 S&P 500 指數報酬。歡迎讀者登入 7trade，使用定期定額投資績效計算器，體驗顏值投資帶來的高報酬。

表 8.3 定期定額投資績效

個別證券查詢　　歷史日期查詢　　投資績效查詢　　定期定額投資績效

選擇國家　美國

	個股代碼	投資起始日	初期投資張數	定期投資間距	定額投資張數	投資終止日	
1	amd	2023-01-02 ▼	10張 ▼	5日 ▼	1張 ▼	2023-08-08 ▼	
2	tsla	2023-01-02 ▼	10張 ▼	5日 ▼	1張 ▼	2023-08-08 ▼	⊖
3	nvda	2023-01-02 ▼	10張 ▼	5日 ▼	1張 ▼	2023-08-08 ▼	⊖
4	msft	2023-01-02 ▼	10張 ▼	5日 ▼	1張 ▼	2023-08-10 ▼	⊖

表 8.4 定期定額投資基本資料表

總投資金額

27,435,121 元

股票市值

39,965,210 元

股票獲利金額

12,530,089 元

投資報酬率

45.67 %

圖 8.5 定期定額投資績效曲線圖

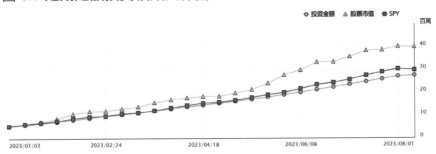

Chapter 9

7trade 美股投資實務

9-1 7trade S&P 500 投資實務教學

動能就是漲會繼續漲、跌會繼續跌,只要在動能點買入或放空有價證券,就有極大的機率可以獲利。在多頭市場上,大家常聽到多頭市場的特色就是股價走勢「緩漲急跌」,而這緩漲就是碎步上漲;或者你也會聽到「沒有漲停,但漲不停」,漲不停也都是指股價在碎步上漲。

可見碎步上漲是多頭價格走勢的一種常見型態,7trade 非常榮幸可以提供 100% 精確的碎步上漲型態,可以大幅度提升投資朋友的獲利能力,而且現階段的美股投資資訊是免費的。

Step 1:在 7trade 官網上,點擊「上漲碎步型態圖」。

Step 2：選擇查詢日期後，點擊「查詢」就會跑出查詢日正在碎步
上漲中的個股。

　　7trade 在碎步型態中的表格裡，設定了「顏值」和「情緒波
動」2 個指標。點擊「顏值」鈕進行排序，找出顏值大（等）於 8
的個股，你就會發現，這些個股都在碎步上漲中。除了顏值外，個
股情緒波動也不能太大，如果情緒波動越大，則代表這支股票會讓
持有者感覺如洗三溫暖。

　　在挑選適合投資的個股時，先點擊「區間漲幅 %」鈕，讓區
間漲幅由小到大進行排序，排除區間漲幅小於 10% 的個股，尋找
顏值大（等）於 8 的個股。個股如果顏值未到 8 時，可以繼續等
待；一旦顏值等於 8 時，它幾乎就是繼續往上動能點。舉例來說，
表 9.1 為 2023/8/8 日篩選出來的碎步上漲個股列表。[14]

　　表 9.1 的個股係依照產業類別去排序，在表 9.1 中主要是金融
類股，其顏值都非常的高，出現次數也持續地增加中。依據本書第
2-5 節的動能生命週期理論，這些個股是標準的存股標的，事實上
股價在 2023/8 還持續上漲中。由於金融股還持續地在碎步上漲，
因此再繼續上漲的機率非常高。

註 14：讀者可按照自己的偏好找出適合自己的投資方法，例如選擇不同的出
　　　現次數、顏值和情緒波動大小的個股。

表 9.1 S&P 500 成分股碎步上漲表

	美擺 ≑	S&P 500 ≑	2023-08-08 ▾	查詢						

	代碼	商品	產業類別 ▲	成交價	漲(跌)幅%	出現次數	顏值	情緒波動	區間漲幅%	存股	解套賣壓
18	MAR	Marriott International	觀光休閒娛樂	206.46	0.86	11	17	6.77	20.42	V	V
19	BRK-B	Berkshire Hathaway	資產管理	363.73	0.32	10	14	3.19	8.85		
20	AIZ	Assurant	金融相關	143.09	0.70	4	15	2.52	15.19	V	
21	HUM	Humana	金融相關	493.22	-0.29	2	9	4.80	16.25		
22	RF	Regions Financial	金融相關	20.90	-0.38	7	17	6.07	23.30	V	V
23	PRU	Prudential Financial	金融相關	97.31	-0.84	27	21	6.97	23.66	V	V
24	USB	US Bancorp	金融相關	40.23	0.27	12	18	14.79	28.04	V	
25	VNO	Vornado Realty Trust	金融相關	23.52	-0.59	10	18	5.97	68.72	V	V
26	A	Agilent Technologies	電子	128.35	1.45	2	7	15.98	10.50		
27	IBM	IBM	電子	145.91	-0.18	11	15	1.30	10.74		
28	WAT	Waters Corporation	電子	296.73	2.42	2	12	20.12	15.26		

　　在表 9.1 中要介紹一下股神巴菲特的波克夏（Berkshire Hathaway, BRK-B）和保德信（Prudential Financial, PRU）。圖 9.1 為波克夏 K 線圖，由圖 9.1 我們可以發現，波克夏在 2022/10 和 2023/4 期間都在碎步上漲，而 2023/4 開啟的碎步上漲，其漲勢持續到 2023/8 還在進行中。

　　圖 9.2 為保德信 K 線圖，由圖 9.2 我們可以發現，保德信在 2022/10 和 2023/6 期間都在碎步上漲，而 2023/6 開啟的碎步上漲，其漲勢持續到 2023/8 還在進行中。

　　就圖 9.2 中，我們可以發現保德信有 A、B、C 三個期間在碎步上漲。我們有興趣的是如果買在 A 區，可以獲利嗎？其績效如何？透過 7trade 的投資績效計算器，我將投資績效曲線圖置放於圖 9.3。

圖 9.1 Berkshire Hathaway（BRK-B）價格日線圖

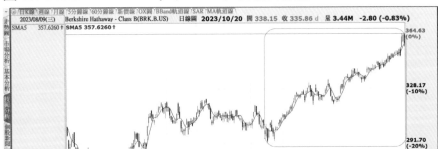

▲ BRK-B 在 2023/4 開始碎步上漲，動能漲勢到 2023/8 還在持續中。

圖 9.2 Prudential Financial（PRU）價格日線圖

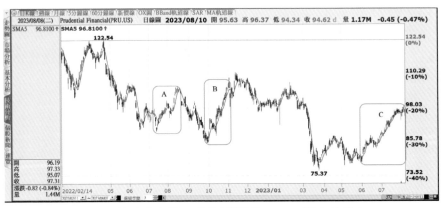

▲ PRU 在 2023/6 開始碎步上漲，動能漲勢到 2023/8 還在持續中。

由圖 9.3 我們可以發現，在 2022 年 8 月 12 日投資保德信 10 張股票後，每週再加碼投資 1 張股票持續到 2023 年 8 月 8 日，則獲利為正但績效卻不如相同金額投資於 ETF SPY。

但就 2023/8 而言，由於美股已經大漲一段期間，與其追高已經大漲後的個股，倒不如投資正在碎步上漲的金融類股，若金融類股持續上漲，則投資績效追過 SPY 是指日可待的。

圖 9.3 保德信定期定額投資績效曲線圖

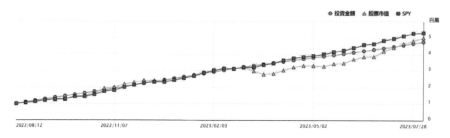

▲ 從 2022 年 8 月定期定額投資 PRU 到 2023 年 7 月，投資績效略遜於 S&P 500 ETF（SPY）。

9-2 7trade ETF 投資實務教學

說到美股 ETF，就要提 SPY 和 QQQ 兩個商品，SPY 追蹤 S&P 500 指數，而 QQQ 追蹤 NASDAQ 100 指數。不具有投資知識的投資人，就直接選擇投資 SPY 或 QQQ 即可。就長期投資而言，SPY 或 QQQ 總能給投資人豐厚的報酬，所以投資人也確實不用具備任何的投資知識，就投資 SPY 或 QQQ 即可。

圖 9.4 和圖 9.5 分別為 SPY 和 QQQ 的長期走勢圖，我們可以發現，SPY 和 QQQ 長時間都在上漲，且持續性的創下歷史新高價，所以長期投資 SPY 或 QQQ 實際上是可以有豐厚的報酬。

圖 9.4 S&P 500 ETF（SPY）價格月線圖

▲ SPY 從 2009 年開始碎步上漲，漲勢持續到 2022 年。

圖 9.5 Invesco QQQ Trust（QQQ）價格月線圖

▲ QQQ 從 2009 年開始碎步上漲，漲勢持續到 2022 年。

在 7trade 的美股 ETF 碎步上漲型態中，我們發現在 2023 年 9 月 19 日保險股 ETF 正在碎步上漲，參見表 9.2。在表 9.2 中，序號 4 的 S&P Insurance ETF 正在碎步上漲。由於碎步上漲是漲會繼續漲的基本型態，所以我們必須要仔細地來分析 ETF KIE。

表 9.2 股票型 ETF 碎步上漲表

	代碼	商品	成交價	漲（跌）幅%	出現次數	顏值	情緒波動	區間漲幅%	存股	解套賣屋
1	AMLP	Alerian MLP ETF	42.21	0.74	31	24	2.78	13.52	V	
2	FTCS	First Trust Capital Strength ETF	76.13	-0.13	62	20	4.71	8.82	V	
3	HDV	iShares Core High Dividend ETF	103.25	-0.36	29	13	4.71	6.41	V	
4	KIE	SPDR S&P Insurance ETF	43.83	0.71	6	11	2.48	6.17		

　　眾所皆知，保險公司占比最高的投資組合就是債券，平均而言，約占其投資組合的 50-80%，所以債券下跌對保險公司的市值會產生很大的影響。但美國的保險產業調整得很好，就 2023 年 10 月而言，股價幾乎不受到債券價格下跌的影響，整體產業的股價還在挑戰 52 週高點。

　　就 52 週高點假説而言，保險產業股價繼續上漲的機率很高，參見圖 9.6 的 S&P 保險 ETF。就圖 9.6 而言，我們可以發現保險類股 ETF，股價在 2023 年 10 月正在挑戰同年 3 月創下的 52 週高點。

圖 9.6 S&P Insurance ETF（KIE）價格週線圖

▲ KIE 股價在 2023 年 10 月正在挑戰同年 3 月創下的 52 週高點。

圖 9.7 為美國 10-20 年長期公債 ETF 的價格週線圖，由圖 9.7
我們可以觀察到 ETF TLH 正在跌繼續跌，價格由 A 點下跌到 D 點，
已經下跌超過 45%。價格分別由 A、B、C 三個點碎步下跌，而價
格由 A 點跌到 D 點，則是以 Ⅵ 型態下跌。

碎步下跌和 Ⅵ 型態下跌，是跌會繼續跌的基本型態，所以
10-20 年長期公債的價格，有很高的機率會繼續下跌。雖然公債價
格大幅度下跌，但 ETF KIE 卻在挑戰 52 週高點，代表美國的大型
保險公司，其體質不受到債券價格下跌影響，很有可能是未來美股
的明星股。

圖 9.7 10-20 年長期公債 ETF（TLH）價格週線圖

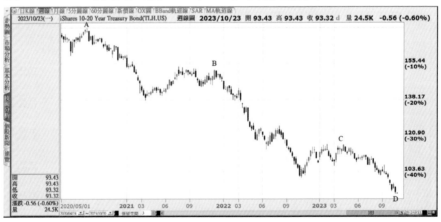

▲ ETF TLH 的價格由 A 點下跌到 D 點，已經下跌超過 45%。

9-3 美股教授 YouTube

掃描以下 QR Code，看更詳細的說明。

本影片介紹正在碎步上漲的個股，例如 ACGL、AIG、CB 等等個股。很明顯地，金融類股的獲利，已經挺過升息的干擾，正邁向康莊大道，是未來主流中的主流。

本影片介紹華爾街女股神 Cathie Wood 的方舟 ETF（ARKF、ARKK）、網路安全 ETF（CIBR）、雲端運算 ETF（SKYY）等 ETF。

本影片特別介紹保險類股 ETF（KIE），是未來的潛力股。保險公司主要的資產是債券，由於利率上升，導致債券價格下跌，但 KIE 價格卻靠近52 週高點，是未來最具潛力的 ETF。

Chapter 10
荒謬的技術分析

美國是全球最大的股票市場，市場透明度和市場效率性也是所有股票市場中最強的。而其市場運作機制，例如沒有漲跌幅限制，更是可以讓價格迅速反應市場上所有的訊息。

美國股市的市場效率，屬於半強式效率的最強效率，已經接近強式效率市場，所以透過技術分析和基本面分析，僅能靠運氣擊敗S&P 500 指數報酬。臺灣投資人如果期待美股投資獲得豐厚報酬，一定要拋棄沒有科學依據的技術分析，技術分析平均而言，一定會讓投資者勞神傷財，賠了夫人又折兵。

華爾街大贏家之一 James Simons，其本身就是一位大數學家。James Simons 所創立的文藝復興科技（Renaissance Technologies），即透過高等數學挖掘投機利潤，而成為華爾街傳奇。相對

於華爾街滿坑滿谷的數學或物理博士，正透過高等數學理論在挖掘投機利潤，臺灣卻還停留在技術分析階段，令人無限的感慨。[15] 筆者本身是財務學博士，也是財務學教授，自然要挺身而出，撥亂反正，指出技術分析的謬誤處，不值得投資人花時間去學習。

10-1 荒謬的股價均線分析

碎步上漲和 N 型上漲，是漲會繼續漲的基本型態，所以股價在漲升過程中，若以 N 型態上漲，必然會伴隨著 Λ 型回檔，然後再繼續上漲。在股價 Λ 型回檔中，必然伴隨著 5 日、10 日或 20 日均線交叉往下，甚至是股價跌破 60 日平均線（季線）。

在動能下，股價漲會繼續漲，所以當價格修正後，股價會繼續再往上漲。所謂的均線死亡交叉要減碼，或股價不能跌落季線之下（因為季線是個股的生命線），如此種種荒謬沒有科學證據的言論，都是無稽之談，投資人誤信以為真。

這些技術分析，不只會導致投資人錯過獲利機會，也會因過度交易而導致虧損。以下我將分別以圖 10.1、圖 10.2 和圖 10.3 來說明均線分析的謬誤。

註 15：參見附錄三，著名對沖基金交易策略。

圖 10.1 為 S&P 500 成分股 AIZ 價格日線圖。暗黃色的曲線，為 60 日價格移動平均線，也就是所謂的季線。由圖 10.1 中，我們可以發現，股價在 A、B、C 三個點都跌破季線。

　　雖然跌破季線，但之後股價卻越墊越高，形成 N 型態上漲，而 N 型態是漲會繼續漲的標準型態，所以投資人若在 A、B、C 三個點賣出持股，將錯失後續股價上漲的報酬。

圖 10.1 Assurant（AIZ）**價格日線圖**

▲股價分別在 A、B、C 三個點跌破季線。雖然跌破季線，但股價卻越墊越高，形成 N 型態上漲。

　　圖 10.2 為 S&P 500 成分股 CBOE 價格日線圖。暗黃色的曲線，為 60 日價格移動平均線，也就是所謂的季線。由圖 10.2 中，我們可以發現，股價在 A、B 二個點都跌破季線。雖然跌破季線，但之後股價卻越墊越高，形成碎步上漲型態，而碎步上漲型態是漲會繼

續漲的標準型態。所以投資人若在 A、B 二個點賣出持股，將錯失
後續股價上漲的報酬。

圖 10.2 CBOE Global（CBOE）**價格日線圖**

▲股價分別在 A、B 二個點跌破季線。雖然跌破季線，但股價卻越墊越高，形
　成碎步上漲型態。

　　圖 10.3 為 S&P 500 成分股 VRSN 價格日線圖。暗黃色的曲線，
為 60 日價格移動平均線，也就是所謂的季線。由圖 10.3 中，我們
可以發現，股價在 A 和 B 兩個區和 C 點，三個區和點都跌破季線。

　　雖然跌破季線，但之後股價卻越墊越高，形成 N 型態上漲，
而 N 型態是漲會繼續漲的標準型態。股價在 C 點跌破季線後，又
在 D 點價格上漲超過 C 點。所以投資人若在 A、B、C 三個區和點
賣出持股，將錯失後續股價上漲的報酬。

圖 10.3 VeriSign（VRSN）價格日線圖

▲股價在 A 和 B 兩個區和 C 點，三個區和點都跌破季線。雖然跌破季線，但之後股價卻越墊越高，形成 N 型態上漲。

10-2 荒謬的股價支撐線

　　碎步上漲和 N 型上漲，是漲會繼續漲的基本型態。所以股價在漲升過程中，若以 N 型態上漲，必然會伴隨著 Λ 型回檔，然後再繼續上漲。

　　若股價以碎步型態上漲，則股價一定會在支撐線上方，所以也不需要支撐線分析；若股價以 N 型態上漲，則價格支撐線不具參

考價值。以下我將分別以圖 10.4、圖 10.5 和圖 10.6 來說明支撐線分析的謬誤。

　　圖 10.4 為 S&P 500 成分股 BRK 價格日線圖，BRK 是股神巴菲特的波克夏公司代碼。依據價格支撐線分析，我們以 A、B 兩點劃一直線，並一直延伸到 C 點右上方。

　　由於 BC 線段為碎步上漲，所以股價必定會在支撐線上方，既然碎步上漲時，股價一定會在支撐線上方，何必需要支撐線分析？而且股價在 C 點時，只從 373 元下跌不到 4%，如此小的下跌幅度，絕對沒有道理認為股價在日後會繼續跌。

圖 10.4 Berkshire Hathaway（BRK.B）價格日線圖

▲以 A、B 兩點劃一直線，並一直延伸到 C 點右上方。由於 BC 線段為碎步上漲，所以股價必定會在支撐線上方。

圖 10.5 為 S&P 500 成分股 BKNG 價格日線圖，BKNG 在亞洲的子公司就是 Agoda。依據價格支撐線分析，我們以 A、B 兩點劃一直線，並一直延伸到 D 點右上方。由圖 10.5 我們可以發現，股價在 C 點跌破支撐線，股價雖然一度跌破支撐線，但後續卻持續以 N 型態繼續上漲。股價在 D 點第二次跌破支撐線，即使 D 點後股價真的大幅度下跌，也說明了支撐線分析只有 50% 正確率，也就是說其準確度和丟銅板的機率一樣。

　　如果一個分析工具，其準確度和丟銅板機率一樣，投資人可以信任它嗎？圖 10.6 為 S&P 500 成分股 AMD 價格日線圖，其分析和圖 10.5 一致，也就是支撐線的準確性只有 50%。

圖 10.5 Booking Holdings（BKNG）價格日線圖

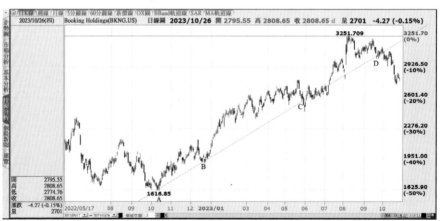

▲以 A、B 兩點劃一直線，並一直延伸到 D 點右上方。C 點時股價跌破支撐線，但後續卻持續以 N 型態繼續上漲。

圖 10.6 AMD（AMD）價格日線圖

▲以 A、B 兩點劃一直線，並一直延伸到 D 點右上方。C 點時股價跌破支撐
　線，但後續卻持續以 N 型態繼續上漲。

10-3 荒謬的 KD、MACD 指標

　　碎步上漲是漲會繼續漲的基本型態。若股價以碎步型態上漲，
則股價有很高的機率持續上漲，而實際上也是如此。股價碎步上漲
時，符合本書第 2-5 節的動能生命週期假說，即股價位於上漲動能
起點。由於股價會持續性的碎步上漲，若 KD 和 MACD 是可以信任
的指標，它們應該要在碎步上漲過程中，一致性的出現買進訊號，
沒有賣出訊號。然而真實的狀況卻是 KD 和 MACD 指標在碎步上漲

過程中，混雜呈現著買進和賣出訊號。以下我將分別以圖 10.7、圖 10.8、圖 10.9 和圖 10.10 來說明 KD 和 MACD 兩個指標的謬誤。

圖 10.7 和圖 10.8 分別為蘋果電腦（AAPL）和 S&P 500 ETF（SPY）的日線圖和 KD 指標，深紅色的區塊代表超買訊號，暗喻市場過熱（股價過高）。

透過圖 10.7 和圖 10.8，我們可以清楚的觀察到，AAPL 和 SPY 的股價正在一路的碎步上漲，而 KD 指標也一路的出現過熱訊號，也就是股價下跌機率升高。這正是 KD 指標的荒謬處，把漲會繼續漲的基本型態，錯誤判讀成股價過高，有下跌的風險。投資朋友若相信 KD 指標，將錯失良好的獲利機會。

圖 10.7 Apple（AAPL）價格日線圖

▲ AAPL 的股價正在一路的碎步上漲，而 KD 指標也一路的出現過熱訊號，也就是股價下跌機率升高。

圖 10.8 S&P 500 ETF（SPY）價格日線圖

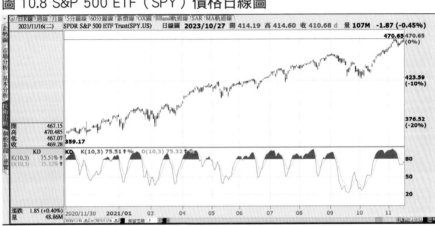

▲ SPY 的股價正在一路的碎步上漲，而 KD 指標也一路的出現過熱訊號，也就是股價下跌機率升高。

　　圖 10.9 和圖 10.10 分別為蘋果電腦（AAPL）和 S&P 500 ETF（SPY）的日線圖和 MACD 指標，紅綠色的柱狀圖分別代表多空頭訊號。透過圖 10.9 和圖 10.10，我們可以清楚的觀察到，AAPL 和 SPY 的股價正在一路的碎步上漲，而 MACD 指標也一路的紅綠柱狀圖交錯出現，也就是股價一下子出現多頭（空頭）走勢。

　　這正是 MACD 指標的荒謬處，把漲會繼續漲的基本多頭型態，錯誤判讀成多空頭交錯。投資朋友若相信 MACD 指標，將錯失良好的獲利機會。

圖 10.9 Apple（AAPL）價格日線圖

▲ AAPL 的股價正在一路的碎步上漲，而 MACD 指標也一路的紅綠柱狀圖交錯出現。

圖 10.10 S&P 500 ETF（SPY）價格日線圖

▲ SPY 的股價正在一路的碎步上漲，而 MACD 指標也一路的紅綠柱狀圖交錯出現。

10-4 荒謬的頭肩頂和頭肩底型態

技術分析派認為頭肩底型態是多頭型態，在多頭市場中這是正確的，但股價會上漲，不是因為頭肩底型態上漲的。頭肩底型態是股價在 N 型上漲中，時間軸左側出現左肩的一種特定型態，左肩有無出現，不會影響股價繼續上漲的動能。

在本書的第 2-2 節中，我們提到在 N 型上漲中，影響未來價格的因子為前一波的上漲強弱度。頭肩底的頭部到右肩中（B→C→D），其價格走勢為多頭上漲，所以價格修正後繼續漲的機率很高，且此時股價為 N 型態，基本上就是會繼續漲的型態，請參閱圖 10.11 和圖 10.12 的說明。

頭肩底在多頭市場中，一般而言為多頭型態，確實會繼續漲，但股價繼續漲的原因，為上漲後價格修正完畢的上漲（即 N 型態上漲，B→C→D），而不是頭肩底型態確認後的上漲，請參閱圖 10.11 和圖 10.12 的說明。

由圖 10.11 我們可以發現，B 點為頭部，而 A、C 兩點分別為左右肩，整個頭肩底型態在 D 點完成。雖然頭肩底型態完成，然而股價卻沒有如預期般上漲。由圖 10.12 我們也可以發現，整個頭肩底型態在 D 點完成，然而股價也沒有如預期般上漲。由此可見，即使股價呈現頭肩底型態，也不能保證其後續價格會繼續漲。

圖 10.11 Costco（COST）價格日線圖

▲ B 點為頭部，而 A、C 兩點分別為左右肩，整個頭肩底型態在 D 點完成。雖然頭肩底型態完成，然而股價卻沒有如預期般上漲。

圖 10.12 CSX（CSX）價格日線圖

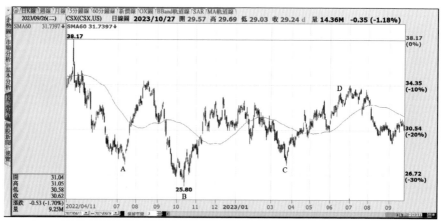

▲ B 點為頭部，而 A、C 兩點分別為左右肩，整個頭肩底型態在 D 點完成。雖然頭肩底型態完成，然而股價卻沒有如預期般上漲。

只要透過三個簡單的統計假說檢定，就可以排除股價上漲是因為頭肩底型態完成而漲的。就統計檢定上，我們提出一個問題：沒有左肩的 N 型態不會上漲？答案是否定的，沒有左肩的 N 型態會繼續漲。

第二個問題為，有左肩的 N 型態，漲幅顯著的高過沒有左肩的 N 型態？答案是否定的，有左肩的 N 型態漲幅不會高過沒有左肩的 N 型態。第三個問題為，數個月前完成的左肩會影響現在的 N 型上漲？答案是否定的。

影響 N 型（B → C → D）上漲的因子為 N 頂前的多頭強弱程度，N 頂前的多頭走勢越強，價格修正後續漲動能越強，與數個月前的左肩無關。

透過簡單的三個邏輯，我們就會發現，股價上漲原因為，投資人處置效果，造成的 N 型態在繼續漲，與 N 型態時間軸左側有無左肩則沒有任何關係。

表 10.1 為三個統計假說檢定表，依據真實的數據資料，我們可以拒絕三個 H_0，即沒有左肩的 N 型也會繼續漲，所以我們證明了股價上漲的原因為 N 型上漲，而無關乎頭肩底型態。

表 10.1 統計假說檢定表

	H_0	H_1
檢定假設 I	沒有左肩的 N 型態不會上漲	沒有左肩的 N 型態會上漲
檢定假設 II	有左肩的 N 型態,後續漲幅較高	沒有左肩的 N 型態,後續漲幅不會較低
檢定假設 III	n 個月前的左肩,會影響現在的 N 型上漲	n 個月前的左肩,不會影響現在的 N 型上漲

　　透過表 10.1 和圖 10.11 和圖 10.12,我們可以證明,股價上漲不是因為頭肩底型態確立後上漲的,股價的上漲其實來自於投資人處置效果的 N 型態。

　　同理,我們也可以證明,股價下跌不是因為頭肩頂型態確立後下跌的,股價的下跌其實來自於投資人處置效果的 И 型態。我們以圖 10.13 和圖 10.14 來說明,頭肩頂型態不是股價下跌的原因,股價下跌其實是 И 型態下跌。

　　透過本章,我們證明了技術分析的荒謬,投資人若使用技術分析來作為投資決策,很明顯的將會導致投資虧損。讀者在閱覽本書後將會了解,動能就是漲會繼續漲、跌會繼續跌。

　　而碎步上漲、N 型態上漲、上漲盤整上漲和 52 週高點是漲會繼續漲的基本型態，由於這四種上漲型態，均來自於行為財務學理論，因此可以經得起理論和投資實務的嚴謹檢驗。

　　透過本書，讀者當可輕易探索美股，進而成為美股投資達人，讀者勿再相信沒有科學依據的技術分析了，技術分析只會讓投資人賠錢，百害而無一益。

圖 10.13 BlackRock（BLK）**價格日線圖**

▲ B 點為頭部，而 A、C 兩點分別為左右肩，整個頭肩頂型態在 D 點完成。股
　價下跌原因為 ∩ 型態完成（B → C → D）。

圖 10.14 Cigna Group（CI）價格日線圖

▲ B 點為頭部，而 A、C 兩點分別為左右肩，整個頭肩頂型態在 D 點完成。股價下跌原因為 Ʌ 型態完成（B→C→D）。

10-5 美股教授 YouTube

掃描以下 QR Code，看更詳細的說明。

本 影 片 透 過 Apple 和 ETF SPY 解 釋 KD & MACD 指標，在股價碎步上漲過程中，會反覆出現指標過熱的現象。也就是說，KD & MACD 指標在股價碎步上漲過程中會反覆出現錯誤訊號。

本影片透過 Apple 和 ETF SPY 解釋股價在碎步上漲過程中，（1）價格會在均線上方；（2）股價如果以 N 型態上漲，上漲過程中，必然會跌破均線。所以均線分析無效。

本影片透過 Apple 和 ETF SPY 解釋支撐線也是錯誤的分析工具。股價在碎步上漲過程中，如果價格跌破支撐線，也只是上漲速度變慢，不是價格反轉，所以支撐線無用武之地。

效率市場和股價動能

　　2013 年諾貝爾經濟學獎得主 Eugene Fama 提出的**效率市場假說**（Efficient Market Hypothesis, EMH），是投資學中的一個重要理論。Fama 是效率市場假說的主要倡導者之一，並於 1970 年代初開始發展這一理論。

　　根據 Fama 的效率市場假說，市場具有高度效率，股票價格已經充分反應了市場所有的資訊。Fama 將市場分為三種形式：強式效率市場、半強式效率市場和弱式效率市場。

• 弱式效率市場

　　股價已經充分反應過去所有已知資訊。過去所有已知資訊涵蓋歷史股價和成交量，所有媒體可以搜尋到的投資資訊。在弱式效率市場條件下，投資者無法透過技術分析來預測股票價格的未來走勢。

- **半強式效率市場**

   股價已充分反應了過去所有已知的資訊，和對公司未來業績的預測。即現在的股價已反應公司未來業績的表現。在半強式效率市場條件下，投資者無法透過基本面分析來預測股價的未來走勢。

- **強式效率市場**

   公司內部人無法透過內線消息來獲得超額報酬。

   一般而言，股票市場具有極強的效率性。而效率市場的基本精神為股價會迅速立即的反應市場所有資訊，所以股價的跳空上漲（下跌），可以視為市場效率的一種表徵。雖然市場具有極強的效率性，然而價格動能就違反了效率市場。

   為何價格動能違反了效率市場呢？因為效率市場指股價已經充分反應市場所有資訊，投資人無法透過技術分析或預測公司未來績效表現，來預測股票價格的未來走勢。

   然而動能卻是漲會繼續漲、跌會繼續跌，代表我們可以藉由前一期觀察到的上漲動能來推測下一期動能。由於價格動能違反了效率市場，因此藉由動能投資策略當可獲得超額報酬。

美國次貸風暴

美國次級房貸危機（Subprime mortgage crisis）指的是 2007 年至 2008 年期間，發生的金融危機，起因於次級房貸市場的崩潰。

在此危機期間，許多金融機構過度放款給信用較差的房貸借款人，這些「信用較差的房貸」被稱為次級房貸或次級抵押貸款。這些貸款通常具有較高的利率和較寬鬆的條件，以吸引那些信用狀況不佳的借款人。

然而，當美國景氣下滑導致就業市場不佳時，許多借款人因無法負擔高利率貸款或無法還款，導致大量負債違約。這對於持有這些次級房貸的金融機構造成了重大損失，因而引發了金融體系的動盪。

美國這場危機對全球金融市場產生了廣泛的影響，引發了全球金融體系的不穩定和信心危機。許多金融機構陷入困境，甚至宣布

破產或被迫接受政府援助。這場危機也對全球經濟帶來了嚴重的後果，引發了全球經濟衰退和高失業率。

　　次級房貸危機使得金融體系受到了廣泛的監管改革和監督加強，以避免類似危機再次發生。它也提醒了投資者和金融機構對於風險評估和貸款標準的重要性，以確保金融體系的穩定和持續發展。

著名對沖基金交易策略

1. AQR Capital Management

- **策略**：AQR 以多因子和風險因素投資策略而著名，其中包括動能因子。他們使用定量模型和數據分析來識別市場中的機會，並進行投資組合構建和交易決策。

- **基金**：AQR 管理多種基金，包括股票、固定收益、總體經濟策略和市場中性策略的基金。

- **成立**：AQR 於 1998 年成立，總部位於康乃狄克州格林威治（Greenwich）。

2. D.E. Shaw & Co.

- **策略**：D.E. Shaw 是一家以量化策略和系統性投資策略為主的對沖基金。他們使用高等數學模型和演算法來進行交易

和風險管理。

- **基金**：D.E. Shaw 管理多個基金，包括股票、固定收益、總體經濟和事件驅動策略的基金。

- **成立**：D.E. Shaw 成立於 1988 年，總部位於紐約。

3. Two Sigma Investments

- **策略**：Two Sigma 是一家以量化投資和大數據分析為基礎的對沖基金。他們使用機器學習、統計模型和演算法來發現交易機會。

- **基金**：Two Sigma 管理多種基金，包括股票、期貨、總體經濟和市場中性策略的基金。

- **成立**：Two Sigma 成立於 2001 年，總部位於紐約。

4. Renaissance Technologies

- **策略**：文藝復興科技是一家以數學和量化模型為基礎的對沖基金，使用複雜的數學算法來進行高頻率交易和市場預測。

- **基金**：文藝復興科技管理多種基金，包括股票、期貨和多策略基金。

- 成立：文藝復興科技成立於 1982 年，由詹姆斯‧西蒙斯（James Simons）創立，總部位於紐約。

5. Winton Capital Management

- 策略：溫頓資本是一家以系統性投資為基礎的對沖基金，使用數學模型和大數據分析來識別市場趨勢和交易機會。

- 基金：溫頓資本管理多種基金，包括股票、期貨和多策略基金。

- 成立：溫頓資本成立於 1997 年，由大衛哈迪（David Harding）創立，總部位於倫敦。

附錄四

量化投資和動能策略

量化投資通常包括動能策略，作為其中的一個組成部分。

動能交易是一種量化方法，它側重於以下觀點：前期上漲的資產將在後期繼續上漲，前期下跌的資產將在後期繼續下跌。動能策略係基於資產價格趨勢具有持續性。

量化投資公司和對沖基金，通常將動能作為他們交易模型的一個信號之一。這些公司通常使用統計分析，和歷史價格數據來識別近期表現良好的資產或證券，然後買入這些資產或證券，期望上漲趨勢會持續。

動能策略可以應用於各種資產類別，包括股票、債券、貨幣和大宗商品。它們通常與其他量化因素和模型一起使用，以建構多元化且風險可控的投資組合。量化投資還包括風險管理技巧，藉此來降低動能交易的潛在損失。

值得注意的是，儘管動能策略可能會帶來利潤，但它們並不是沒有風險的。動能策略的績效，會因股市處於多（空）頭而有所差異，投資者在執行動能策略前，除應仔細考量自身的風險承受能力外，也需要進行相當的投資研究。

附錄五
如何買賣美股

- **美股交易規則**

    交易時間：美東時間 9:30-16:00，

    夏令時間為臺灣 21:30-4:00，冬令時間為臺灣 22:30-5:00

    交易單位：1 股

    交易價格：僅開放限價委託

    漲跌幅限制：沒有漲跌幅限制，但有熔斷機制如下，

    當 S&P 500 指數跌幅達 7%，暫停交易 15 分鐘。

    當 S&P 500 指數跌幅達 13%，再暫停交易 15 分鐘。

    當 S&P 500 指數跌幅達 20%，將直接收盤。

- **美股購買方式**

    在臺灣要購買美國股票主要有兩種方式，**直接在海外的大型網路券商開戶下單**，如第一證券（FirstTrade）、德美利（TD

Ameritade）、盈透證券（Interactive Brokers）、嘉信證券（Charles Schwab）……等，或是**透過國內券商開立複委託帳戶**，並至指定銀行開立交割帳戶。

所謂的複委託，正式名稱為「受託買賣外國有價證券業務」，也就是透過國內的證券商買賣外國的有價證券，當國內券商接受投資者委託單後，再向國外券商下單。因為委託單經過國內及國外券商兩次動作，因此稱為「複委託」。

需要注意的是，開立複委託交割帳戶時，要選擇日後交易的幣別，要以臺幣或外幣進行，一旦選擇後日後即無法變更交易幣別。

臺幣帳戶費委託扣款與換匯流程：

（扣款）臺幣帳戶扣款臺幣 →（換匯）臺幣換成美元 →（買進）買進美股 →（賣出）賣出美股 →（換匯）美元換成臺幣 → 臺幣回到臺幣帳戶

外幣帳戶費委託扣款與換匯流程：

（扣款）外幣帳戶扣款美元 →（買進）買進美股 →（賣出）賣出美股 → 美元回到外幣帳戶

對於有在操作匯率的投資者來說，可以在匯率低點進行換匯，因此選擇以外幣進行複委託交易，會是比較有利的。

另外，複委託交易為**圈存制**，需於交易前將足夠金額存入交割帳戶，券商才能接受委託。

海外券商與複委託比較

	海外券商	複委託
下單方式	投資者直接在海外券商的網站下單。 由於部分券商網站並沒有中文介面，剛開始可能會因操作流程及介面不熟悉，而有操作錯誤的風險，適合外文能力好、積極型的投資人。	可透過國內券商網站下單，或是打電話請營業員下單。 與國內股票下單的方式雷同，對操作介面較有熟悉感，且可進行定期定額交易，適合保守的投資人。
費用	均以外幣進行交易，匯款至海外時，會有匯率差並需付匯款手續費。 由於是直接下單，沒有透過中間者，因此整體費用相對較低。	可選擇以臺幣或外幣進行交易。 必須同時支付國內券商與國外券商的交易費用，整體的費用相對較高。
安全性	需自行承擔風險。	受金管會保護。

10 秒選出 10 倍股

美股教授林昭賢教你用顏值投資法，不靠基本面和技術面分析，
一眼找出上漲 10 倍的美國飆股！

作　　　者／林昭賢
美 術 編 輯／孤獨船長工作室
執 行 編 輯／許典春
企劃選書人／賈俊國

總 　 編 　 輯／賈俊國
副 總 編 輯／蘇士尹
編　　　輯／黃欣
行 銷 企 畫／張莉滎・蕭羽猜・溫于閎

發 　 行 　 人／何飛鵬
法 律 顧 問／元禾法律事務所王子文律師
出　　　版／布克文化出版事業部
　　　　　　115 台北市南港區昆陽街 16 號 4 樓
　　　　　　電話：(02)2500-7008　　傳真：(02)2500-7579
　　　　　　Email：sbooker.service@cite.com.tw
發 　 行／英屬蓋曼群島商家庭傳媒股份有限公司城邦分公司
　　　　　　115 台北市南港區昆陽街 16 號 5 樓
　　　　　　書蟲客服務專線：(02)2500-7718；2500-7719
　　　　　　24 小時傳真專線：(02)2500-1990；2500-1991
　　　　　　劃撥帳號：19863813；戶名：書蟲股份有限公司
　　　　　　讀者服務信箱：service@readingclub.com.tw
香港發行所／城邦（香港）出版集團有限公司
　　　　　　香港九龍土瓜灣土瓜灣道 86 號順聯工業大廈 6 樓 A 室
　　　　　　電話：+852-2508-6231　　傳真：+852-2578-9337
　　　　　　Email：hkcite@biznetvigator.com
馬新發行所／城邦（馬新）出版集團 Cité(M)Sdn.Bhd.
　　　　　　41, Jalan Radin Anum, Bandar Baru Sri Petaling,
　　　　　　57000 Kuala Lumpur, Malaysia
　　　　　　電話：+603-9056-3833　　傳真：+603-9057-6622
　　　　　　Email：services@cite.my
印　　　刷／卡樂彩色製版印刷有限公司
初　　　版／2024 年 4 月
定　　　價／380 元
Ｉ Ｓ Ｂ Ｎ／978-626-7431-37-5
Ｅ Ｉ Ｓ Ｂ Ｎ／9786267431368(EPUB)

城邦讀書花園　**布克文化**
www.cite.com.tw　WWW.SBOOKER.COM.TW